金蝶 ERP 实验课程指定教材

大数据审计

苟聪聪　李　锐　胡玉姣　主　编
王文姣　邓利梅　杨佩毅　副主编
窦　蕾　赖　静　张　玲　谢　建　参　编

清华大学出版社
北　京

内 容 简 介

本书聚焦审计实践技能的培养，基于会计师事务所前沿大数据应用实践案例，培养学生的大数据审计思维及全流程应用能力，打造复合型审计人才。本书共分为12章，第1章主要介绍大数据审计的概念、应用案例及与传统审计在审计目标、审计程序等方面的差异；第2章主要介绍大数据审计的工具和相关技术，包括金蝶大数据实训平台和可视化分析平台；第3~5章主要介绍审计大数据的采集、处理和挖掘分析；第6~12章引入一个完整的财务报表审计案例，并配备详细的审计资料，让读者沉浸式体验审计工作。本书提供丰富的教学资源，包括但不限于教学课件、操作视频、配套审计资料、答案。本书适合作为高等院校财务管理、会计学、审计学、工商管理、信息管理与信息系统等相关专业的本科生、研究生教材，也适合作为企业中高层财务管理人员和信息化主管的参考书。

本书封面贴有清华大学出版社防伪标签，无标签者不得销售。
版权所有，侵权必究。举报：010-62782989，beiqinquan@tup.tsinghua.edu.cn。

图书在版编目（CIP）数据

大数据审计 / 苟聪聪, 李锐, 胡玉姣主编. -- 北京：
清华大学出版社, 2025.1. -- (金蝶 ERP 实验课程指定教材).
ISBN 978-7-302-67470-2

Ⅰ. F239.0

中国国家版本馆 CIP 数据核字第 2024FU6453 号

责任编辑：	高 屾
封面设计：	周晓亮
版式设计：	恒复文化
责任校对：	马遥遥
责任印制：	杨 艳

出版发行：清华大学出版社
网　　址：https://www.tup.com.cn, https://www.wqxuetang.com
地　　址：北京清华大学学研大厦 A 座　　　　邮　编：100084
社 总 机：010-83470000　　　　　　　　　　邮　购：010-62786544
投稿与读者服务：010-62776969, c-service@tup.tsinghua.edu.cn
质 量 反 馈：010-62772015, zhiliang@tup.tsinghua.edu.cn
印 装 者：北京嘉实印刷有限公司
经　　销：全国新华书店
开　　本：185mm×260mm　　印　张：11.5　　字　数：333 千字
版　　次：2025 年 1 月第 1 版　　印　次：2025 年 1 月第 1 次印刷
定　　价：49.00 元

产品编号：108516-01

前言

大数据等信息技术在企业业务和财务领域的广泛应用,将审计师带入了一个全新的、充满挑战的数字化环境。在这个环境中,审计师面临的是由信息系统生成、处理、记录和报告的海量数据;这些数据既有结构化的,也有非结构化的。财务造假案发领域增多,具有明显的系统性、规模化特征,财务舞弊与其他违法行为相互交织,形成完全不同于传统形式的舞弊手法,审计师由技术受限导致的审计失败案例也与日俱增。

如果作为审计工作对象的信息和报告是由企业业财大数据构成并以信息系统作为载体,那么审计师在实施审计的过程中将面临来自数字化环境的众多挑战,主要体现在以下方面。

(1) 数据处理和分析的复杂性。在数字化环境下,企业生成和处理的数据量大幅增加,除了传统的结构化数据,还包括大量非结构化数据,如文本、图片、视频等,增加了数据处理和分析的难度。

(2) 对数字技术相关审计风险的认识。数字技术提升了会计核算、财务报告编制或其他审计工作的效率,也带来了风险,如程序逻辑错误、权限授权不当等;审计师在完成审计工作时,需要充分识别并评估这些风险。对相关风险控制缺乏认识,可能导致审计工作缺乏针对性,审计师难以有效识别财务报表重大错报或经营业务的重大内控缺陷。

(3) 传统的审计线索全面隐蔽化。在数字化环境下,企业的业务和财务信息已经全面数字化并且深度融合,传统的审计线索可能不复存在。在信息加工处理方面,信息系统封装了数据处理的过程,其内部处理逻辑、运算的中间过程,往往对系统的用户而言是独立的,传统的审计线索全面隐蔽化。

(4) 审计技术改进的必要性。面对海量的交易、数据和财务信息,传统的审计技术在抽样针对性和样本覆盖程度方面的局限性越来越突出。一方面,信息技术的运用改变了企业的运作模式和工作方式,传统审计技术针对的问题特征可能已经消失,或者发生了改变,审计师的经验可能无法简单移植,从而丧失了抽样针对性;另一方面,传统的抽样方式无法全面覆盖海量数据,审计师难以平衡不同来源的数据。

(5) 有待优化的知识结构。数字技术的广泛运用,对审计师的知识结构提出了新的要求。他们不仅要具备丰富的会计、审计、经济、管理、法律等方面的知识和技能,还必须对数字技术有所掌握和了解,能更好地运用大数据等技术来应对新挑战,对审计的策略、范围、内容、方法和手段做出有针对性的调整,获取充分、适当的审计证据,从而发表恰当的审计意见。

在企业的数字化转型浪潮中,审计师面临巨大挑战,在审计行业引入大数据技术成为当务之急。国际内部审计师协会发布了《全球技术审计指引:了解和审计大数据》;习近平总书记在主持召开的中央审计委员会第一次会议上强调"要坚持科技强审,加强审计信息化建设";中华人民共和国审计署审计长在全国审计工作会议中指出"积极推进大数据审计";中国注册会计师协会发布《注册会计师行业信息化建设规划(2021—2025年)》,提出了2035年远景目标,即到2035年,数字技术在行业广泛应用,成为行业高质量发展的有力支撑,行业数字产业初具规模,成为行业服务的新兴业态,标准化、数字化、网络化、智能化水平大幅提升,基本实现行业数字化转型。

在大数据时代,企业信息复杂多样,大数据审计发展趋势不可避免,在审计行业大力推进大数据技术辅助审计的进程中,面临的最大挑战是大数据审计人才的短缺。为顺应大数据、云计算、人工智能等新兴技术的发展趋势，满足审计人才转型的需求，作者结合审计实践经验，编写了本书。本书在编写过程中突出了以下特点。

(1) 实践导向：本书基于事务所、企业内审和政府审计的前沿大数据应用，结合金蝶企业管理平台的技术优势，设计了丰富的实践案例。读者可以通过这些案例，深入理解和掌握大数据在审计中的实际应用。

(2) 培养专业思维：本书设计了一个完整的财务报表审计案例，包括初步业务活动、风险评估程序、四大业务循环(销售与收款、采购与付款、生产与存货、货币资金)的控制测试与实质性程序实施场景及审计完成阶段的审计工作，植入众多审计陷阱，可以锻炼学生的专业判断能力。

(3) 提供丰富的教学形式与教学资源。实训教材中包括情境教学、分组研讨、模拟调研等多种教学形式，附件资源包括录音、视频、图像、表单及审计底稿，可让学生直面真实的审计场景和审计资料。

本书共分为 12 章，第 1 章主要介绍大数据审计的概念、应用案例及与传统审计在审计目标、审计程序等方面的差异；第 2 章主要介绍大数据审计的工具和相关技术，包括金蝶大数据实训平台和可视化分析平台；第 3~5 章主要介绍审计大数据的采集、处理和挖掘分析，并以小案例的形式展开；第 6~12 章以一个中药制药企业的财务报表的全流程审计应用为案例，内置典型的审计程序实施过程，并配备详细的审计资料，让读者沉浸式体验审计工作。

本书提供了配套的教学资源，内容包括：

(1) 教学课件(PPT 格式)，便于教师授课，可扫描右侧二维码获取；
(2) 配套审计资料，可扫描文中二维码查阅并下载；
(3) 配套课堂练习及答案，可扫描文中二维码查阅并下载；
(4) 教学视频，可扫描文中二维码观看。

教学资源

本书融入了金蝶公司先进的数据分析技术和作者从事审计教学、研究及实务的多年经验，适合作为高等院校财务管理、会计学、审计学、工商管理、信息管理与信息系统等相关专业的教学用书，对于学生学习和进行审计实践非常有帮助。当然，对于事务所的审计人员与企业内审人员而言，本书也是一本不错的参考书。

本书是校企深度合作的成果，在编写过程中，结合了多所院校教师的教学经验。金蝶公司提供了技术支持和案例资源，使本书更贴近实际应用。本书由四川文理学院的苟聪聪、重庆机电职业技术大学的李锐、金蝶精一的胡玉姣担任主编，由四川农业大学的王文姣、长春财经学院的邓利梅、郑州工商学院的杨佩毅担任副主编，长春财经学院的窦蕾、阿坝师范学院的赖静、电子科技大学成都学院的张玲与谢建参与了编写。另外，金蝶精一的傅仕伟、杨丹虹、孟晓轩在编写过程中作出了不少贡献。上述人员的辛勤劳动凝结成本书的最终成果。在此，谨对他们表示衷心的感谢！

编者

2024 年 9 月

目 录

第1章 大数据审计认知 1
   1.1 审计的产生与发展 1
   1.2 大数据审计的兴起 5
   1.3 大数据审计的应用 6

第2章 大数据审计工具与技术 9
   2.1 金蝶大数据平台 10
   2.2 金蝶轻分析平台 13
   2.3 MySQL 统计分析 19
   2.4 审计大数据分析的流程 26

第3章 审计大数据采集 29
   3.1 企业 ERP 系统数据采集 29
   3.2 纸质单据数据采集 31
   3.3 音频数据采集 34
   3.4 文件数据采集 35
   3.5 行业财报数据采集 38

第4章 审计大数据处理 41
   4.1 数据清洗 41
   4.2 数据转换 45
   4.3 计算机辅助抽样 48
   4.4 重号和断号分析 53
   4.5 模糊匹配在审计中的应用 56

第5章 审计大数据分析 59
   5.1 探索性数据分析(EDA) 59
   5.2 审计分析模型的构建 64
   5.3 线性回归分析预期值 70
   5.4 K-means 孤立点分析 73
   5.5 词云分析被审计单位及其环境 75
   5.6 社会网络分析识别招标风险 77
   5.7 可视化分析内幕交易 80

第6章 初步业务活动 83
   6.1 业务承接 83
   6.2 独立性评价 86

第 7 章 风险评估 — 89
- 7.1 了解被审计单位及其环境(不包括内部控制) — 89
- 7.2 在整体层面了解和评价被审计单位内部控制 — 93
- 7.3 在业务流程层面了解和评价内部控制 — 95
- 7.4 确定重要性水平 — 98
- 7.5 评估重大错报风险 — 100

第 8 章 销售与收款循环审计 — 103
- 8.1 销售与收款循环控制测试 — 103
- 8.2 销售与收款循环分析程序 — 107
- 8.3 主营业务收入细节测试 — 114
- 8.4 应收账款减值测试 — 118
- 8.5 凭证抽查程序 — 120
- 8.6 审定表与披露表 — 121

第 9 章 采购与付款循环审计 — 125
- 9.1 采购与付款循环控制测试 — 125
- 9.2 管理费用分析程序 — 129
- 9.3 固定资产折旧测算 — 133

第 10 章 生产与存货循环审计 — 137
- 10.1 生产与存货循环的控制测试 — 137
- 10.2 存货分析程序 — 142
- 10.3 存货监盘 — 146
- 10.4 原材料计价测试 — 149
- 10.5 产成品计价测试 — 151

第 11 章 货币资金审计 — 155
- 11.1 货币资金控制测试 — 155
- 11.2 现金监盘 — 158
- 11.3 实质性分析程序 — 160
- 11.4 核对银行对账单 — 163
- 11.5 核对银行存款余额调节表 — 166

第 12 章 完成财务报表审计 — 171
- 12.1 财务报表试算平衡 — 171
- 12.2 出具审计报告 — 172

第1章 大数据审计认知

↗ 学习目标

1. 了解审计的产生与发展
2. 了解大数据审计的背景、概念与特点
3. 了解大数据审计的应用

↗ 学习导图

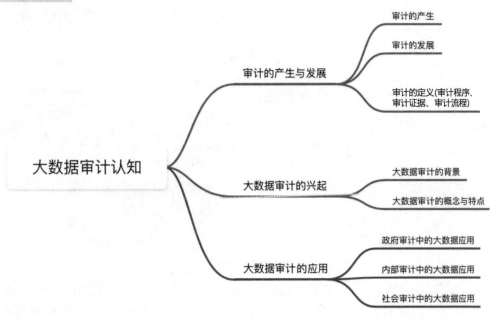

1.1 审计的产生与发展

1. 审计的产生

审计制度产生于19世纪中期,起源于企业所有权和经营权的分离,特别是股份有限公司的出现。随着"两权"的分离,所有者不再直接参与企业的日常经营管理,这就产生了所有者如何对经营者的行为进行监督和控制的问题,由此产生了经营者定期通过财务报表向所有者报告财务状况和经营成果的需要。财务报表是由企业管理层编制和提供的,其自身利益通常与企业的财务状况和经营成果挂钩,需要由独立的第三方——注册会计师对财务报表进行审计,出具客观、公正的审计报告,审计中的关系如图1-1所示。

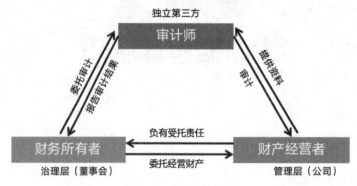

图 1-1　审计中的关系

2. 审计的发展

在审计发展过程中，审计师为了满足委托人的需要，应对审计环境的变化，要持续创新审计方法。审计方法的创新经历了账项基础审计、制度基础审计、风险基础审计、风险导向审计几个阶段，如图 1-2 所示。

图 1-2　审计方法的创新阶段

以财务报表审计为例，风险基础审计基于审计风险模型，通过对财务报表固有风险和控制风险的评估来确定实质性测试的性质、时间和范围。在风险基础审计模式下，审计人员的注意力和相关的分析、测试的重点，仍然主要放在财务报表账户余额、发生额本身的风险及会计系统的可靠性上。

但企业所处的经济环境、行业状况、经营目标、战略与风险最终会对财务报表产生重大影响。审计人员需要深入考虑财务报表背后的东西，将审计视角扩展到内部控制以外，从而识别财务报表存在的重大错报和舞弊行为。实践中大型会计师事务所更多地依赖于以分析性程序为主的风险评估，而不是实质性的详细测试。这些促进了现代风险导向审计方法的发展，使审计人员既能更好、更高效地实现财务报表审计的目标，又能向客户提供增值服务。

3. 审计的定义

审计是由独立的专职机构或人员接受委托或授权，以被审计单位的经济活动为对象，对被审计单位在一定时期的全部或一部分经济活动的有关资料，按照一定的标准进行审核检查，并收集和整理证据，以判明有关资料的合法性、公允性、一贯性和经济活动的合规性、效益性，并出具审计报告的监督、评价和鉴证活动，如图 1-3 所示。

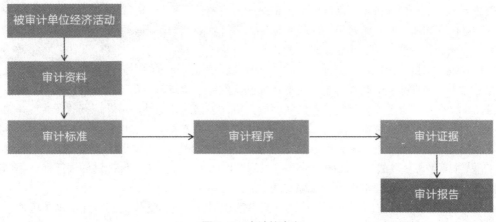

图 1-3 审计的定义

1) 审计程序

审计师通过实施审计程序，获取充分、适当的审计证据，形成审计结论。审计程序包括以下类别。

(1) 检查。检查是审计师对被审计单位内部或外部生成的，以纸质、电子或其他介质形式存在的记录和文件进行审查，或对资产进行实物审查。在数字化环境下，检查可能通过系统程序实现，例如通过计算机进行数据的查询或匹配。

(2) 观察。观察指审计师查看相关人员正在从事的活动或实施的程序。在数字化环境下，观察可能通过传感设备实现，例如通过无人机进行盘点。

(3) 询问。询问是指审计师以书面或口头方式，向被审计单位内部或外部的知情人员获取信息，并对答复进行评价的过程。作为其他审计程序的补充，询问广泛应用于整个审计过程。在信息技术环境下，自动语音识别(ASR)、自然语言处理(NLP)等技术可能在询问程序及后续数据处理中得到应用。

(4) 函证。函证指审计师直接从第三方(被询证者)获取书面答复以作为审计证据的过程，书面答复可以采用纸质、电子或其他介质等形式。中国银行业协会搭建了函证区块链服务平台，通过运用区块链分布式账本、不可篡改、去中心化的特性，将银行函证数字化，确保函证准确、可靠、安全性，以及资料来源正确性与交易记录不可删改，相关单位可随时掌握执行情况，解决了邮寄函证遗失风险。

(5) 重新计算。重新计算是指审计师对记录或文件中的数据计算的准确性进行复核。除特别简单的计算可以用手工方式进行，重新计算一般采用电子方式进行。

(6) 重新执行。重新执行是指审计师独立执行原本作为被审计单位内部控制组成部分的程序或控制，如果被审计单位通过计算机自动控制，可能涉及对控制的逻辑设置检查和测试数据的控制执行。

(7) 分析程序。分析程序指审计师通过分析不同财务或经营数据之间的内在关系，对数据信息做出评价。

2) 审计证据

审计证据指审计机关和审计人员获取的用以说明审计事项真相，形成审计结论基础的证明材料。在传统审计环境下，审计人员通常采用访谈、观察、穿行测试、抽样测试、审核、盘点、重新执行等方法收集和验证审计证据。

审计证据包括构成财务报表基础的会计记录所含有的信息和其他信息,例如被审计单位的会议记录、询证函的回函,与竞争对手的比较数据等。审计师要获取不同来源和不同性质的审计证据并综合考虑,从而佐证会计记录中记录的信息。

审计师应当保持职业怀疑态度,运用职业判断,评价审计证据的充分性和适当性。审计证据的充分性是对审计证据数量的衡量,主要与审计师确定的样本量有关。在新技术的协助下,可以获得更恰当的审计样本,甚至实现全体检查,从而提高审计证据的充分性。审计证据的适当性是对审计证据质量的衡量,即审计证据在支持审计意见所依据的结论方面具有的相关性和可靠性。审计证据的可靠性受其来源和性质的影响,并取决于获取审计证据的具体环境,通常需要考虑以下原则:

(1) 从外部来源获取的审计证据比从其他来源获取的审计证据更可靠,例如银行询证函的回函通常比被审计单位内部记录的银行日记账更可靠;

(2) 内部控制有效时内部生成的审计证据比内部控制薄弱时内部生成的审计证据更可靠;

(3) 直接获取的审计证据比间接获取或推论得出的审计证据更可靠;

(4) 以文件、记录形式存在的审计证据比口头形式的审计证据更可靠;

(5) 从原件获取的审计证据比复印件获取的审计证据更可靠。

3) 审计流程

风险导向审计模式要求审计师在审计过程中,以重大错报风险的识别、评估和应对作为工作主线。以财务报表审计为例,审计流程可分为初步业务活动、了解被审计单位、评估被审计单位内部控制、评估并应对重大错报风险、实施进一步审计程序和审计结论几个阶段(见图 1-4)。

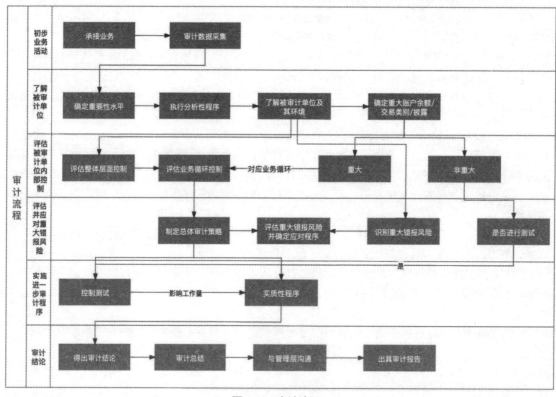

图 1-4 审计流程

1.2 大数据审计的兴起

1. 大数据审计的背景

大数据等信息技术在企业业务和财务领域的应用,把审计师带入了一个全新的、充满挑战的数字化环境。在这个环境中,审计师面对的是功能复杂、高度集成的大型信息系统,以及系统生成、处理、记录和报告的海量数据,既有结构化的也有非结构化的数据,审计线索越来越被埋没于海量数据中。财务造假案发领域增多,系统性、规模化特征明显,财务舞弊与其他违法行为相互交织,形成完全不同于传统形式的舞弊手法,受技术所限,审计师审计失败的案例也与日俱增。在大数据环境下,审计师在了解业务流程和内部控制、识别和评估审计风险、应对审计风险、制订整体审计计划、执行审计程序及收集审计证据等方面将面临来自数字化环境的众多挑战,主要体现在以下方面。

(1) 企业数字化转型条件下对业务流程和内部控制运作的理解。在数字化环境下,企业在各个运营环节利用数字化技术时,相伴而生的包括企业商业模式的重构、管理模式的重构,甚至新的商业模式的生成。在这样的企业数字化转型浪潮中,相当部分的内部控制环节转移到信息系统中自动执行。因此,审计师需要充分了解企业的数字化环境,重新建立对数字环境下业务流程开展和内部控制运作的理解和认识。

(2) 对数字技术相关审计风险的认识。数字技术在带来效率效果提升的同时,也带来了风险。审计师在执行审计工作时,需要充分识别并评估与会计核算、财务报告编制或其他审计内容相关的数字技术运用相伴而生的风险,如程序逻辑的错误、权限的不当授予等。对相关控制风险缺乏认识,可能导致审计工作针对性的欠缺,难以有效识别财务报表重大错报或经营业务的重大内控缺陷。

(3) 传统的审计线索全面隐蔽化。在数字化环境下,企业的业务和财务信息已经全面数字化并且深度融合,传统的审计线索可能已经不复存在;在信息加工处理方面,信息系统封装了数据处理的过程,其内部处理逻辑、运算的中间过程,对系统的用户而言往往是独立的,传统的审计线索全面隐性化。

(4) 审计技术改进的必要性。面对海量的交易、数据和财务信息,传统的审计技术在抽样针对性和样本覆盖程度方面的局限性越来越突出。一方面,信息技术的运用改变了企业的运作模式和工作方式,传统审计技术针对的问题特征可能已经消失,或者发生了改变,审计师的经验可能无法简单移植,从而丧失了针对性;另一方面,面对海量数据,传统的抽样方式难以覆盖大量的数据,对于不同来源的数据缺乏深刻的洞察力,覆盖性方面也难以强化审计信心。

大数据时代的到来使得审计工作不得不面对被审计单位复杂的数字环境,传统审计手段和方法难以应对数字技术带来的巨大挑战。大数据应用是信息化发展的必然趋势,大数据审计是审计机构适应时代发展的必然选择。

国际内部审计师协会 2017 年发布了《全球技术审计指引:了解和审计大数据》;在我国审计署的支持和倡导下,2017 年 4 月,世界审计组织大数据审计工作组第一次会议在南京召开;中华人民共和国审计署审计长在 2018 年 1 月召开的全国审计工作会议中指出"积极推进大数据审计";习近平总书记 2018 年 5 月 23 日在主持召开的中央审计委员会第一次会议上强调"要坚持科技强审,加强审计信息化建设";2021 年 4 月 8 日,中注协发布《注册会计师行业信息化建设规划(2021—2025 年)》,提出了 2035 年远景目标,即到 2035 年,数字技术在行业广泛应用,成为行业高质量发展的有力支撑,行业数字产业初具规模,成为行业服务的新兴业态,标准化、数字化、网络化、智能化水平大幅提升,基本实现行业数字化转型。

2. 大数据审计的概念与特点

大数据审计是指审计机构遵循大数据理念，运用大数据技术和工具，利用数量巨大、来源分散、格式多样的经济社会运行数据，开展跨层级、跨地域、跨系统、跨部门和跨业务的深入挖掘与分析，提升审计发现问题、评价判断、宏观分析的能力。与传统审计相比较，大数据审计所使用的数据更多源异构，所使用的技术更高级复杂，对数据的洞察更敏锐深刻。其具体体现在以下方面。

(1) 在审计方式上，传统审计通常依赖于样本抽样和详细检查的方法，从海量数据中选取一部分进行审计，侧重于合规性与财务准确性；大数据审计则更倾向于全面分析整个数据集，利用数据挖掘和分析技术，可以发现潜在的风险点和异常模式，更注重发现关联性和趋势。同时，大数据审计可以采用实时或接近实时的方式监测和分析数据，以及对数据进行迭代分析和处理，而传统审计通常是批量处理和周期性报告。大数据审计可以更好地满足像工程跟踪审计等及时性要求较高的审计项目的需求。

(2) 在审计程序上，大数据审计更依赖分析程序，从精确的数字审计向高效的数据审计发展。大数据审计会涉及更复杂的数据预处理、清洗和整合程序，因此通常需要使用更多的智能工具和数字技术，如数据挖掘、机器学习等。

(3) 在审计成果上，随着大数据技术的发展，审计人员可以对企业的运营数据、风险管理、内部控制等方面进行全面分析和深入洞察，审计报告的内容更加多元化，审计项目从单一审计报告向综合成果应用发展。

(4) 在对审计人员的要求上，大数据审计的兴起，要求审计行业对新兴技术做出响应，对审计人员的需求也从专业人才向复合人才发展，特别是突出对数据的技术处理能力及对信息系统运行逻辑的理解能力。

但也需要认识到，审计智能系统无法完全取代专业判断。在新环境下，审计人员应该具有更扎实的专业基础与复合能力，包括能够识别复杂数字环境下的审计风险、使用更难篡改的分析数据、增加分析模型的不可预见性等。

1.3 大数据审计的应用

美国注册会计师协会于 2014 年 8 月发布《在数字世界里重构审计》，分析了大数据技术对审计工作的影响，同时指出，可以将相关大数据作为实际被审计数据的辅助数据，通过数据分析技术，识别和发现被审计数据中的关联，从而发现审计线索。目前，政府审计、内部审计和社会审计均有不同程度的大数据审计应用实践。

1. 政府审计中的大数据应用

基于中共中央办公厅、国务院办公厅印发的《关于实行审计全覆盖的实施意见》，政府审计机构依托数字化审计平台，运用大数据技术，不断提高运用大数据查核问题、评价判断和宏观分析的能力，提高审计能力、质量和效率，扩大审计监督的广度和深度。

例如山东省青岛市审计局连续 4 年开展大数据扶贫审计。针对基本医疗有保障，山东省和青岛市出台了医疗补充商业保险等政策，对贫困人口政策范围内医疗费用经社会医疗保险等补偿后，个人负担超过 5%的部分由医疗商业补充保险全额报销，是一项减轻贫困人口医疗费用的惠民政策。青岛市审计局通过全市住院结算记录与贫困人口信息及医疗商业保险理赔数据进行大数据比对，发现部分贫困人口未获得医疗商业补充保险理赔。相关部门针对审计查出的问题，联合保险理赔机构进行全面自查整改，补赔保险理赔费用 144 万元，近 2000 人次贫困人员受益，极大缓解了贫困人员支付医疗费用的压力[1]。

2. 内部审计中的大数据应用

内部审计为企业监督体系的重要组成部分。在信息技术高速发展的大背景下,内部审计对象的信息化、数字化,使得内部审计理念和方法、技术的信息化和数字化创新成为当务之急。

例如步步高的内部审计人员对主要业务单元、主要领域、主要业务板块通过数据分析验证的模型进行风险闭环管理,梳理高风险监控模型。在对"Better 购"线上异常销售模型进行风险数据扫描过程中,发现风险预警,审计人员在收到预警数据报表后展开调查,发现是湖南某门店在开业期间有异常用券行为:大量会员在活动当天购买相同商品,小票金额相同,订单 IP 归属地 98%源于外省,且收货地址格式异常相同。这些异常数据触发大数据模型预警,经过审计人员进一步核实,确认收货人和收货地址都是虚假的,为内部人员套取公司优惠券谋利。

通过大数据辅助审计,利用数据分析及建模技术实现对海量业务数据进行精准、实时挖掘,可以解决传统内部审计所面临的"接不上数据、说不透问题、讲不清业务、看不清未来"的挑战及难点,拓宽内部审计人员视野,丰富内部审计技术手段,增强全量分析能力,促进内部审计的信息化和数字化转型,有效地帮助企业提升数字化应用能力,更好地进行决策辅助,提升内部审计工作的价值。

3. 社会审计中的大数据应用

资本市场上越来越多涉及审计手段与财务舞弊博弈过程的事件引起了公众的关注,新型的舞弊手段涉及大量信息技术,从而对审计的数字化取证和防范舞弊的能力提出更高的要求。审计行业也需逐步从信息化迈向新兴技术驱动的数字化,以应对被审计单位快速数字化转型所带来的一系列挑战,满足公众、监管机构对审计质量的期望。

会计师事务所顺应时代的变化,不断推进创新大数据审计,以国内外部分大型会计师事务所为例,其使用的审计系统及核心技术如表1-1所示。

表1-1 大数据审计应用情况

事务所	系统名称	描述	所采用的核心技术
安永	Canvas	Canvas 是一个在线审计平台	互联网
	Helix	Helix 是一个数据分析平台	大数据、数据分析及展示
	Atlas	Atlas 是基于云的知识平台,提供最新的会计和审计内容	云计算
德勤	Auvenir	基于云技术的应用平台,整合了存储、机器学习和人工智能来改进审计人员与其客户之间的工作流程和协作	云计算、人工智能、机器学习、数据标准
毕马威	Clara	基于云的智能审计平台,包含了预测分析能力	云计算、人工智能、认知技术、数据分析
普华永道中国	GI.ai	人工智能驱动的自动化审计平台	云计算、大数据、人工智能、机器学习
	Audit.ai		
	Cash.ai		
立信	基于区块链的电子函证云平台	与技术公司合作研发的区块链函证平台	区块链
致同	inter-x	基于区块链的公司间交易管理平台,提供转移定价分析和提升透明度	区块链、数据分析和展示、大数据

资料来源:根据普华永道中国官方资料整理。

---

[1] 案例来源:审计署官网。

拓展练习

1. 结合对大数据的理解,思考大数据技术应用到审计中有哪些优势?

2. 在互联网搜集资料,列举一项运用大数据技术进行审计的案例,并说明其属于政府审计、内部审计或社会审计哪个类别。

第 2 章 大数据审计工具与技术

↗ 学习目标

1. 掌握金蝶大数据平台的数据采集、处理与挖掘操作
2. 掌握金蝶轻分析平台的可视化操作
3. 掌握 MySQL 统计分析的基本语法
4. 理解审计大数据分析流程

↗ 学习导图

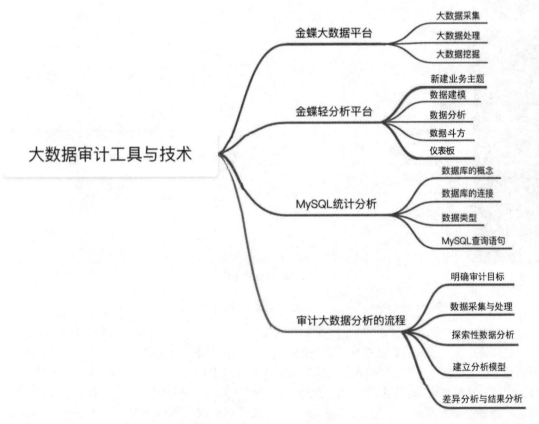

在数字浪潮的席卷下,在面对庞大的数据集时,高效的大数据审计工具成为解码信息、实施审计的利器。大数据审计工具用于处理、管理和分析大规模数据集,涵盖了采集、存储、清洗、分析、可视化等多种功能。本书主要使用金蝶大数据平台和金蝶轻分析平台进行分析,其中金蝶轻分析平台支持 MySQL 数据库的查询分析应用。

2.1 金蝶大数据平台

金蝶大数据平台提供基于 Python 的大数据采集、大数据处理、大数据挖掘的一体化功能。系统内置了常用场景下的数据采集、处理、挖掘等算法，操作界面简洁，便于不具备 Python 技术能力的用户在实验中进行调用；同时，保留了自定义算法的代码区，供具备一定 Python 和大数据算法基础的用户使用。

1. 大数据采集

平台内置多种类型互联网数据采集模块，包括上市公司财务报表的采集、电商平台数据的采集等。例如通过企业财务报表和多企业财务报表采集两个子功能模块，实现对单一或多个上市公司的财务报表进行采集，支持用户自行设置数据源地址、公司名称、报告类型、报表类型等参数，以获取需要的财报数据，如图 2-1 所示。

图 2-1 大数据采集

2. 大数据处理

大数据处理包括数据清洗、数据转换和 Python 自定义处理子模块。数据清洗的结果是对重复、错误、残缺、噪声等问题数据进行对应方式的处理，得到标准、连续的数据，以便进一步进行数据统计、数据挖掘分析等。大数据智能风控实训平台可对上传的 Excel 表格的数据进行数据清洗，自行添加多种清洗规则，包括重复数据删除、非法字符清理、字符替换、列名替换、间隔采样、随机采样等。清洗完成后，可在数据预览处下载处理好的数据表格或保存到数据库，如图 2-2 所示。

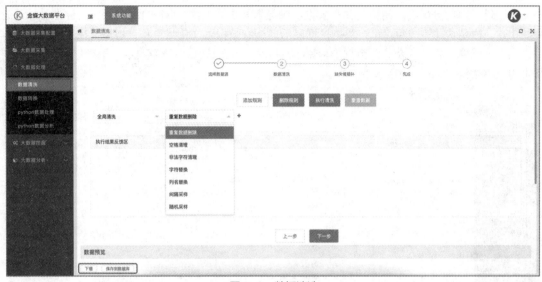

图 2-2 数据清洗

数据转换是将数据转换成规范、结构化的形式，以便更好地理解和处理。数据转换模块可对上传的 Excel 表格中的数据进行数据转换，实现字段精度统一、日期格式转换和数据转置等功能，将数据转化为适当的形式，以满足之后数据挖掘分析等的需要。数据转换完成后，在数据预览处可下载处理好的数据表格或将其保存到数据库，如图 2-3 所示。

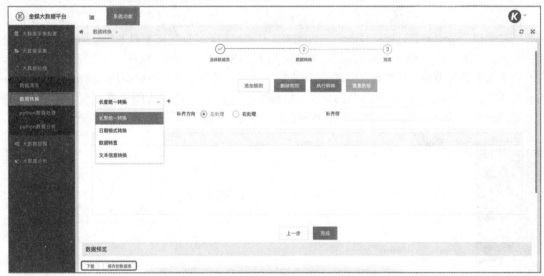

图 2-3 数据转换

3. 大数据挖掘

数据挖掘(data mining)是一种决策支持过程，主要基于人工智能、机器学习、模式识别、统计学、数据库、可视化技术等，高度自动化地分析数据，做出归纳性的推理，从中挖掘出潜在的模式，帮助决策者控制风险。大数据挖掘模块包括回归、分类、聚类、文本处理、时间序列预测、Python 自定义挖掘等，下面主要介绍前 4 种。

(1) 回归。回归分析是一种通过建立模型来研究变量之间相互关系的密切程度、结构状态及进行模型预测的有效工具。平台内置线性回归、岭回归、多项式回归、线性 SVM 和 SVM 5 种回归分析算法。进行回归分析时，用户需先在数据源中导入标准数据(拥有标准结果)，通过标准数据进行模型构建。模型构建完成后，可在数据挖掘展示区查看数据可视化结果和目前模型在现有测试数据中的预测准确度，再导入待预测数据(无标准结果)进行数据预测，系统会根据已构建的模型得到该结果的预测数据，如图2-4所示。

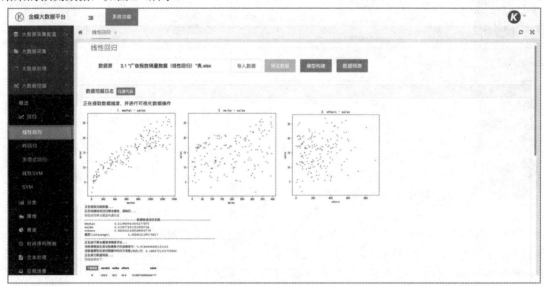

图2-4 回归分析

(2) 分类。分类算法反映的是如何找出同类事物的共同性质的特征型知识和不同事物之间的差异性特征知识。分类是通过有指导的学习训练建立分类模型，并使用模型对未知分类的实例进行分类。平台提供最近邻、决策树、逻辑回归、朴素贝叶斯和SVM 5种分类分析算法。进行分类分析时，用户需先在数据源中导入标准数据(拥有标准结果)，通过标准数据进行模型构建。模型构建完成后，可在数据挖掘展示区查看数据可视化结果和目前模型在现有测试数据中的预测准确度，再导入待预测数据(无标准结果)进行数据预测，系统会根据已构建的模型得到该结果的预测数据，如图2-5所示。

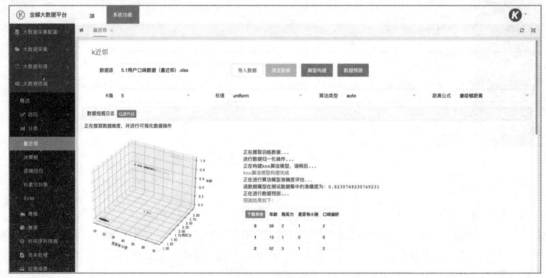

图2-5 分类分析

(3) 聚类。K-means 算法是最为经典的基于划分的聚类方法,它的基本思想是:以空间中 K 个点为中心进行聚类,对最靠近它们的对象归类。通过迭代的方法,逐次更新各聚类中心的值,直至得到最好的聚类结果。进行 K-means 聚类分析时,用户需先在数据源中导入标准数据(拥有标准结果),通过标准数据进行模型构建。模型构建完成后,可在数据挖掘展示区查看数据可视化结果和目前模型在现有测试数据中的预测准确度,再导入待预测数据(无标准结果)进行数据预测,系统会根据已构建的模型得到该结果的预测数据,如图 2-6 所示。

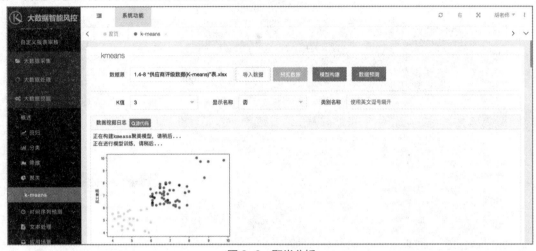

图 2-6 聚类分析

(4) 文本处理。文本处理包括词云分析,突出显示文本中词频较高的分词,形成"关键词渲染",从而过滤掉大量的文本信息,使浏览者一眼扫过,就可以领略文本的主旨。在做词云分析时,用户需导入已清洗好的文本数据,通过绘制词云,可在数据挖掘展示区查看词云图,如图 2-7 所示。

图 2-7 词云分析

2.2 金蝶轻分析平台

可视化技术是大数据审计应用的重点之一。所谓一图胜千言,大数据辅助审计技术逐渐依赖图形或图表的呈现来揭示含义和表达结果。合理地选择可视化方法,能够让审计数据分析达到最佳的显现效果,可以将数据中蕴藏的语义特征生动直观地展现出来。因此,数据可视化分析技术注定会成为大数据辅助审计应用过程中的重点。

金蝶轻分析平台是企业级数据可视化平台，是一种轻建模、多维度、高性能的数据分析和数据探索工具。

1. 新建业务主题

打开金蝶云星空网页端登录界面，如图2-8所示。选择"金蝶云星空账号"类型，选择教学提供的数据中心，输入登录名和密码，单击"登录"按钮。

图2-8 金蝶云星空网页端登录界面

执行"经营分析"|"轻分析"|"分析平台"|"轻分析"命令，进入"轻分析"界面，如图2-9所示。

图2-9 菜单功能界面

在"轻分析"界面单击"＋"按钮新建分类，在建好的分类中，新建业务主题，如图2-10所示。

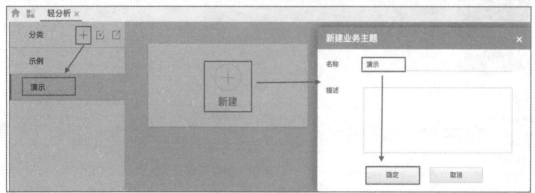

图2-10 新建业务主题

业务主题包括数据建模、数据分析、数据斗方三个子模块，如果新建时选择"仪表板"，则包括仪表板子模块，如图 2-11 所示。

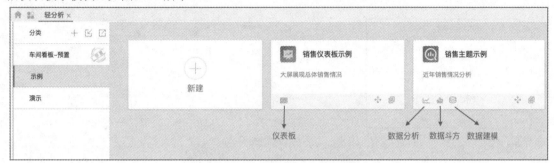

图 2-11　轻分析的子模块

2. 数据建模

轻分析平台的数据建模用于为数据分析和数据斗方进行数据源的准备。数据建模支持多种数据源，包括实体模型、当前数据中心、SQL Server、MySQL 等各种关系型数据库，Excel、CSV 等各种平面数据文件等。数据建模的主要操作包括新建数据表、设置数据表、设置表间关系等。

(1) 新建数据表。从轻分析业务主题进入"数据建模"模块后，单击"新建数据表"按钮，弹出"新建数据表-选择数据源"对话框，选择数据源，本书除外部获取数据外，其他数据存储在 MySQL 数据库中。选择后单击"下一步"。如果此前曾连接过该数据库，连接信息会出现在右侧"最近使用"栏，单击最近使用的数据库可免去重复连接，操作界面如图 2-12 所示。

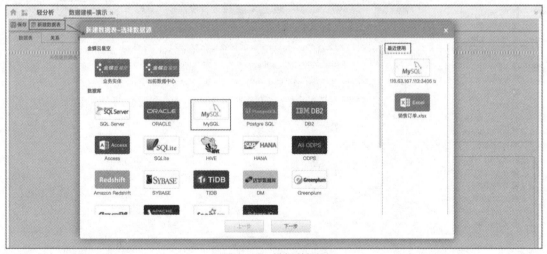

图 2-12　选择数据源

在左侧界面输入服务器 IP、端口、用户名、密码，单击"连接"按钮，连接成功后在右侧界面选择相应的数据库，便可以直接在数据库选择表格，或通过自定义 SQL 调用数据库文件，如图 2-13 所示。

(2) 设置数据表。在图 2-13 所示的界面单击"表"单选按钮，在弹出的"新建数据表-选择表"窗口中，勾选所需要的数据表。勾选的数据表会罗列在右侧栏，然后单击"下一步"按钮，如图 2-14 所示。

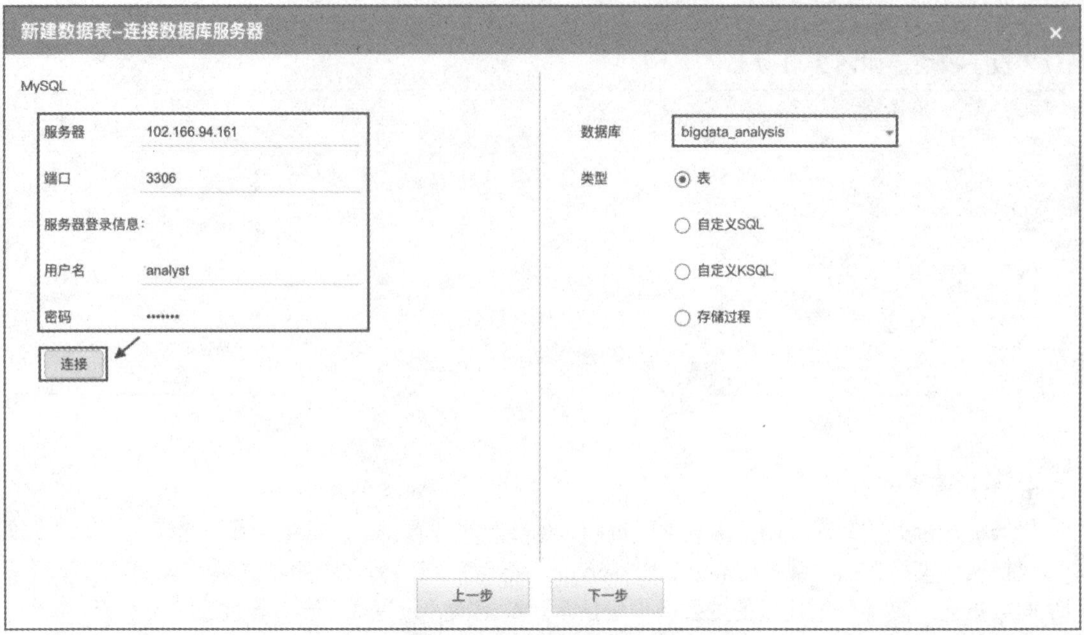

图 2-13 连接数据库服务器

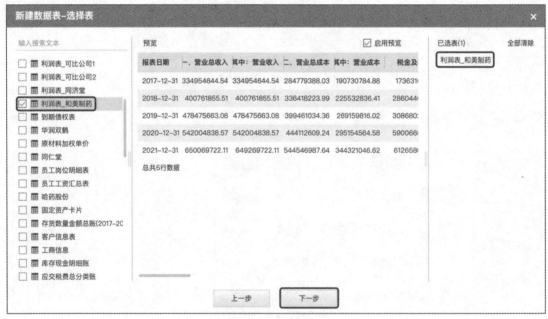

图 2-14 选择表

在弹出的"新建数据表-选择字段"对话框中,对上一步选择的数据表,依次勾选所需字段(建议去掉一些不必要的分析字段,以提高分析效率),然后单击"完成"按钮,如图 2-15 所示。

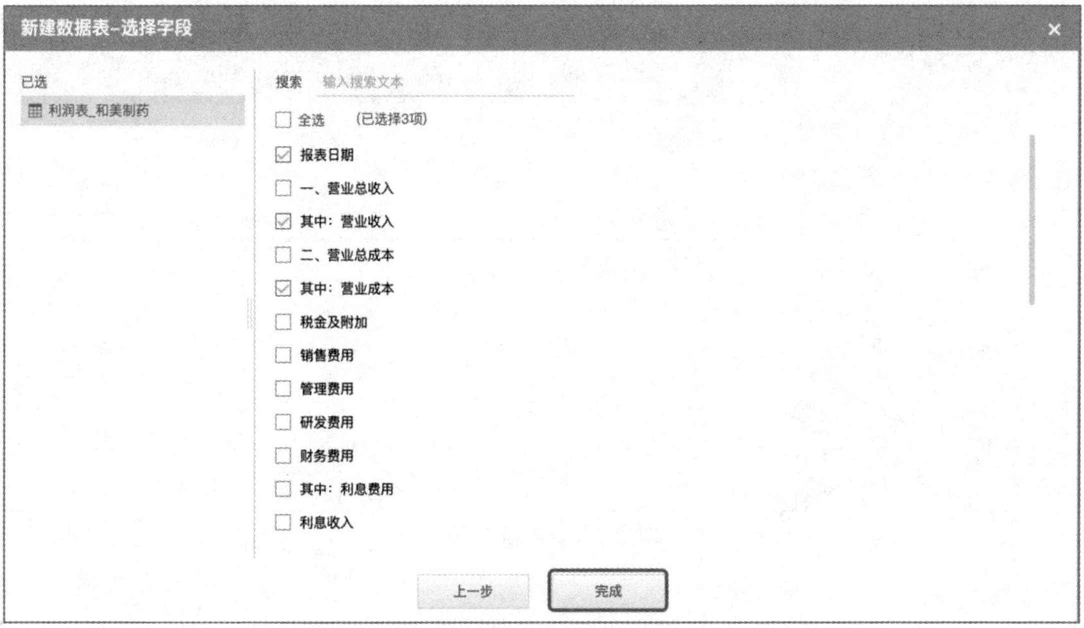

图 2-15 选择字段

完成后返回到"数据建模"模块,即可看到引入的数据表,选中数据表,可以在下方对字段进行编辑,或者过滤数据。单击数据表右侧的下拉按钮,从弹出列表中,可以对数据表进行重命名、选择字段、新建计算字段、删除等操作,如图 2-16 所示。

图 2-16 新建数据表

(3) 设置表间关系。在"数据建模"模块中,可建立两个或多个数据表间的逻辑关系。在"关系"页签单击"新建关系"按钮,弹出"新建关系"对话框,可设置要关联的数据表及字段,根据建立关系的字段值在数据表中是否唯一,可以选择"一对一""一对多"和"多对一"三种关系。例如建立和美制药和中药行业关于"报表日期"的连接关系,"利润表_和美制药"数据表中"报表日期"字段的值是唯一的,"利润表_中药行业"数据表中"报表日期"字段的值是唯一的,因此它们的关系是"一对一"。同时,可以根据分析的目的选择是否勾选"保留无法关联的行",如图 2-17 所示。

图2-17 设置表间关系

3. 数据分析

在"数据分析"模块中可以通过拖曳光标制作多维度透视的图表，支持表格、柱形图、多系列/堆积柱形图、折线图、多系列折线图、面积图、饼图、热力图、树图、散点/气泡图。"数据分析"模块分为6个部分：工具栏、字段区域、功能区域、图表类型区域、数据视图展示区域和筛选器图例区域，如图2-18所示。

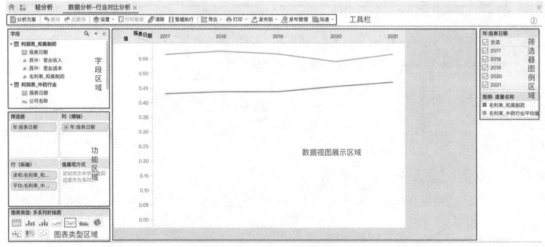

图2-18 数据分析功能界面

4. 数据斗方

数据斗方是轻分析的卡片设计工具，可以自由创作和使用各种数据可视化卡片，支持雷达图、组合图等20种图表类型。"数据斗方"模块共分为6部分：工具栏、字段区域、图表类型区域、功能区域、卡片预览区域和属性设置区域，其中，预览卡片的尺寸可以在工具栏的"预览尺寸"处设置，完成后的卡片在工具栏的"分析方案"处保存，如图2-19所示。

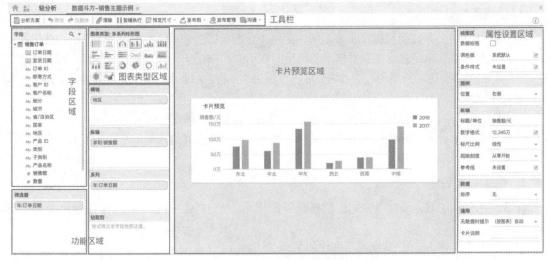

图 2-19　数据斗方功能界面

5. 仪表板

支持对数据斗方、网页、文字及组合卡片等组件进行综合布局，并可定义组件数据更新频率，支持大屏展示。这使得用户可以在同一屏幕上集中展现、比较和监视一组特定的数据内容。同时，仪表板还提供筛选、钻取、再分析等交互操作。仪表板设计器上方为工具栏，左侧为组件工具箱和大纲区域，中间部分为设计区，右侧为属性区，如图 2-20 所示。

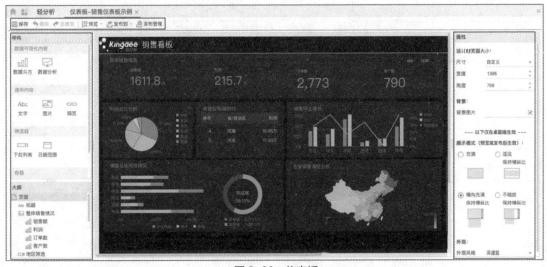

图 2-20　仪表板

2.3　MySQL 统计分析

在企业数字化转型进程中，审计对象通过信息系统操作存储于各类数据库中，例如 MySQL、SQL Server、ORACLE 等，其中 MySQL 是一种开源的关系型数据库管理系统(RDBMS)，广泛应用于 Web 开发中。MySQL 是一种客户端-服务器系统，其中客户端和服务器可以在不同的机器上支持多用户、多线程。

1. 数据库的概念

数据库(database)是按照数据结构来组织、存储和管理数据的仓库。数据库是一个结构化的数据集合，而关系型数据库是建立在关系模型基础上的数据库，借助于集合代数等数学概念和方法来处理数据库中的数据，这种所谓的"关系型"可以理解为"表格"的概念，一个关系型数据库由一个或多个表格组成。

MySQL 是一个关系型数据库管理系统，关联数据库将数据保存在不同的表中，而不是将所有数据放在一个大仓库内，这样就增加了速度并提高了灵活性。它支持大型的数据库，可以处理上千万条的记录。

2. 数据库的连接

不管使用什么工具，连接 MySQL 数据库需要用到的参数包括主机、端口、用户名、密码、数据库名。

(1) 主机/服务器(host)：数据库所在主机名或 IP 地址。
(2) 端口(port)：连接到 MySQL 数据库所在服务器的端口号。
(3) 用户名(username)：MySQL 数据库的用户名。
(4) 密码(password)：MySQL 数据库用户的密码。
(5) 数据库名(dbname)：连接数据库的名称。

例如通过轻分析平台连接数据库，如图 2-21 所示。

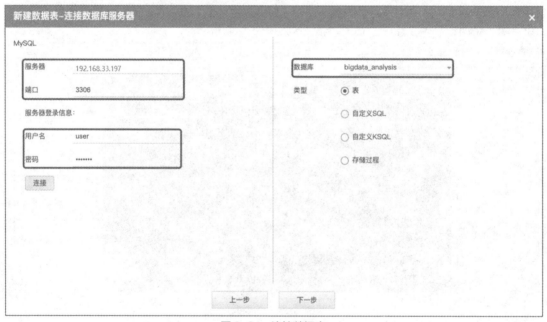

图 2-21　连接数据库

3. 数据类型

MySQL 支持多种数据类型，大致可以分为三类：数值、日期/时间和字符串类型，主要数据类型如表 2-1 所示。

表 2-1 数据类型

类型	说明
INT 或 INTEGER	整数值
FLOAT	单精度浮点数
DOUBLE	双精度浮点数
DECIMAL	小数值，用于高精度计算场景
DATE	日期值
TIME	时间值
YEAR	年份值
VARCHAR	可变长度字符串，适用于存储变长文本

4. MySQL 查询语句

1) 基本的 select 语句。MySQL 数据库使用 select 语句来查询数据，列名可以通过 as 进行重命名，语法如下：

select 列 1, 列 2 as 新列名 from 表名

查询所有列的数据时，可用通配符 "*" 代替，语法如下：

select * from 表名

查询去掉重复值的列值时，可以在列名前加 distinct，语法如下：

select distinct 列名 from 表名

应用示例如下：

-- 查询"主营业务收入总分类账"中各期间贷方数据
select 期间,贷方 from 主营业务收入总分类账
-- 查询"车辆信息"所有列数据
select * from 车辆信息
-- 从"车辆信息"表中找出共有多少种车辆型号
select distinct 车辆型号 from 车辆信息

如果数据表名或者列名中存在 MySQL 使用的运算符、函数等，应在数据表名或列名外添加 Tab 键上方(或 Esc 键下方)的波浪符号，以区别于 MySQL 本身的命令符号。

2) 条件查询

如果需要有条件地从表中选取数据，可将 where 子句添加到 select 语句中，where 子句用于在 MySQL 中过滤查询结果，只返回满足特定条件的行，语法如下：

select 列 1, 列 2 from 表名 where 条件

在 where 子句中，可以使用各种条件运算符(如 =、<、>、<=、>=、!=、in、not in)、逻辑运算符(如 and、or、not)及通配符(如 %)等，应用示例如下：

-- 查找"车辆信息"表中车辆型号为"重卡"的全部信息
select * from 车辆信息 where 车辆型号 ="重卡"
-- 查找"用户操作日志"表中操作用户为"赵华美"且操作名称为"审批"的全部信息

```
select * from 用户操作日志 where 操作用户 = "赵华美" and 操作名称 = "审批"
-- 查找"车辆信息"表中车辆型号为"重卡"或"中卡"的全部信息
select * from 车辆信息 where 车辆型号 in ('重卡','中卡')
```

3) 模糊查询

条件查询的语句中，使用 where 子句来获取指定的记录时，可以使用"="来设定获取数据的条件，但是有时候获取数据的条件并不精确，例如只知道列的开头、结尾或中间包含某些字符，这时可以使用 like 子句。在 MySQL 中 like 子句是用于在 where 子句中进行模糊匹配的关键字，它通常与通配符一起使用，用于搜索符合某种模式的字符串。

like 子句中常用的通配符包括"_""%"等，其中"_"可代替单个任何字符，"%"代替任何字符出现任意次数。应用示例如下：

```
-- 查找"建设项目成本明细表"中"摘要"字段中包含"餐费"的所有账务信息
select * from 建设项目成本明细表 where 摘要 like "%餐费%"
```

4) 排序和分组

如果需要对读取的数据进行排序，可以使用 MySQL 的 order by 子句来设定排序方式，order by 子句可以按照一个或多个列的值进行升序(asc)或降序(desc)排序，语法如下：

```
select 列 1,列 2 from 表名 order by 列 1 [asc | desc], 列 2 [asc | desc]
```

group by 子句可以根据一个或多个列对结果集进行分组，在分组的列上可以使用 count、sum、avg 等聚合函数对数据进行汇总，语法如下：

```
select 列 1, count(*) from 表名 group by 列 1
```

order by、group by 子句也可以和 where 子句结合使用，应用示例如下：

```
-- 将"用户操作日志"表按操作时间升序进行排序
select * from 用户操作日志 order by 操作时间 asc

-- 按产品名称对"材料费用分配汇总表"中的金额进行汇总
select 产品名称, sum(金额) as 金额 from 材料费用分配汇总表 group by 产品名称

-- 统计"材料费用分配汇总表"中除"海马舒活膏"外的数量，按产品名称、物料名称汇总，并按单据日期降序排序
select 产品名称, 物料名称, 单据日期, sum(数量) as 数量 from 材料费用分配汇总表
where 产品名称 != '海马舒活膏'
group by 产品名称,物料名称
order by 单据日期 desc
```

5) 多表查询

多表查询可通过条件关联语句或 join 子句实现，可以根据关联条件从多个表中获取数据。例如计算净利润占期末总资产的比例时，需要从利润表和资产负债表两个数据表中获取数据，示例代码如下：

```
select t1.报表日期, t1.五、净利润 as 净利润, t2.资产总计
from 利润表_和美制药 as t1, 资产负债表_和美制药 as t2
```

where t1.报表日期 = t2.报表日期

6）嵌套查询

在 SQL 语言中，一个 select-from-where 语句称为一个查询块。将一个查询块嵌套在另一个查询块的 where 等子句的条件中的查询称为嵌套查询。应用示例如下：

-- 在"销售收入明细表"中查找订单编号未在"送货运输表"中的订单数据
select * from 销售收入明细表 where 订单编号 not in
(select 订单编号 from 送货运输表)

7）表的连接

在多表查询中，MySQL 还可以使用 join 在两个或多个表中查询数据。join 按功能分为内连接、左连接和右连接三类。

（1）内连接。内连接用 inner join(或 join)连接数据表，返回两个表中满足连接条件的匹配行，获取的是两个表中字段匹配关系的记录，所获取数据的关系如图 2-22 所示。

图 2-22　inner join

例如要统计利润表和资产负债表中各年度对应的营业收入和总资产，示例代码如下：

select t1.报表日期, t1.五、净利润 as 净利润, t2.资产总计 from 利润表_和美制药 t1
join 资产负债表_和美制药 t2 on t1.报表日期 = t2.报表日期

（2）左连接。左连接用 left join 连接数据表，返回左表的所有行，并包括右表中匹配的行，如果右表中没有匹配的行，将返回 null 值，其语法与内连接类似，所获取数据的关系如图 2-23 所示。

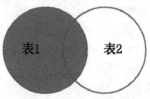

图 2-23　left join

（3）右连接。右连接用 right join 连接数据表，返回右表的所有行，并包括左表中匹配的行，如果左表中没有匹配的行，将返回 null 值，其语法与内连接类似，所获取数据的关系如图 2-24 所示。

图 2-24　right join

8）表的合并

在 MySQL 中可以使用 union 将两个以上的 select 语句的查询结果组合到一个结果集合，并去除重复的行。union 操作符必须由两个或多个 select 语句组成，每个 select 语句的列数和对应位置

的数据类型必须相同。例如合并案例企业"和美制药"和"中药行业"的利润表部分字段,示例代码如下:

```
select 报表日期,'和美制药' as 公司名称,其中:营业收入  as 营业收入
from 利润表_和美制药
union
select 报表日期,公司名称,营业收入 from 利润表_中药行业
```

9) 常用函数

在 MySQL 中有很多函数,有分别用于字符类、数值类和日期时间类数值的处理与统计的函数,以及逻辑函数,分别如表 2-2、表 2-3、表 2-4、表 2-5所示。

表 2-2 常用字符处理函数

函数	说明
CONCAT(s1,s2)	将 s1、s2 合并为一个字符串
LEFT(s,n)	返回字符串 s 的前 n 个字符
MID(s,n,len)	从字符串 s 的 n 位置截取长度为 len 的子字符串,同 SUBSTRING(s,n,len)
POSITION(s1 IN s)	从字符串 s 中获取 s1 的开始位置
REPLACE(s,s1,s2)	用字符串 s2 替代字符串 s 中的字符串 s1
RIGHT(s,n)	返回字符串 s 的后 n 个字符
RPAD(s1,len,s2)	在字符串 s1 的结尾处添加 s2,使字符串的长度达到 len
STRCMP(s1,s2)	比较字符串 s1 和 s2,如果 s1 与 s2 相等,返回 0;如果 s1>s2,返回 1;如果 s1<s2,则返回-1
SUBSTR(s, start, length)或 SUBSTRING(s, start, length)	从字符串 s 的 start 位置截取长度为 length 的子字符串

表 2-3 常用数值统计函数

函数	说明
AVG(expression)	返回平均值,expression 是一个字段
COUNT(expression)	返回查询的记录总数,expression 参数是一个字段或者*号
MAX(expression)	返回字段 expression 中的最大值
MIN(expression)	返回字段 expression 中的最小值
ROUND(x [,y])	返回离 x 最近的整数,可选参数 y 表示要四舍五入的小数位数,如果省略,则返回整数
SUM(expression)	返回指定字段的总和

表 2-4 常用日期函数

函数	说明
DATE()	从日期或日期时间表达式中提取日期值
DATEDIFF(d1,d2)	计算日期 d1 和 d2 之间相隔的天数
DATE_ADD(d, INTERVAL expr type)	计算起始日期 d 加上一个时间段后的日期,type 值可以是 DAY、MONTH、YEAR 等日期
DATE_FORMAT(d,f)	按表达式 f 的要求显示日期 d
DATE_SUB(date,INTERVAL expr type)	函数从日期减去指定的时间间隔
DAY(d)	返回日期值 d 的日子部分
LAST_DAY(d)	返回给定日期的那个月份的最后一天
MONTH(d)	返回日期 d 中的月份值,1 到 12
YEAR(d)	返回年份

表 2-5 逻辑函数

函数	说明
IF(condition, value_if_true, value_if_false)	如果 condition 为真，返回 value_if_true，否则返回 value_if_false

CASE
    WHEN condition1 THEN result1
    WHEN condition2 THEN result2
    ...
    ELSE else_result
END
	当条件 condition1 成立时，返回 result1，当条件 condition2 成立时，返回 result2，依次类推。如果不满足上面任意条件，返回 else_result

10）常用运算符

MySQL 中的运算符包括算术运算符、比较运算符、逻辑运算符等，分别如表 2-6、表 2-7、表 2-8 所示。

表 2-6 常用算术运算符

运算符	作用
+	加法
-	减法
*	乘法
/ 或 DIV	除法

表 2-7 常用比较运算符

运算符	作用
=	等于
<>, !=	不等于
>	大于
<	小于
<=	小于等于
>=	大于等于
in	在集合中
not in	不在集合中
like	模糊匹配
is null	为空
is not null	不为空

select 语句中的条件语句经常使用比较运算符。通过比较运算符，可以判断表中的哪些记录符合条件。比较结果为真时返回 1，为假时返回 0，比较结果不确定则返回 null。

表 2-8 常用逻辑运算符

运算符	作用
not 或 !	逻辑非
and	逻辑与
or	逻辑或

逻辑运算符用来判断表达式的真假。如果表达式是真，结果返回 1；如果表达式是假，结果返回 0。

2.4 审计大数据分析的流程

审计大数据分析的主要流程如图 2-25 所示。

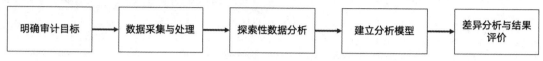

图 2-25　审计大数据分析主要流程

1. 明确审计目标

审计目标是指审计人员通过审计活动所期望达到的目的和要求，以财务报表审计为例，其目标分为总体目标和具体审计目标，不同类型的项目审计目标也存在差异。以下是财务报表审计的审计目标。

1）总体审计目标

在执行财务报表审计工作时，审计师的总体目标是：

(1) 对财务报表整体是否存在由于舞弊或错误导致的重大错报获取合理保证，使得审计师能够对财务报表是否在所有重大方面按照适用的财务报表编制基础编制发表审计意见；

(2) 按照审计准则的规定，根据审计结果对财务报表出具审计报告，并与管理层和治理层沟通。在任何情况下，如果不能获取合理保证，并且在审计报告中发表保留意见也不足以实现向预期使用者报告的目的，审计师应当按照审计准则的规定出具无法表示意见的审计报告，或者在法律法规允许的情况下终止审计业务或解除业务约定。

2）具体审计目标

审计准则中包含每个项目的具体审计目标，分为两类。

(1) 与审计期间各类交易、事项及相关披露相关的审计目标，如表 2-9 所示。

表 2-9　与交易事项相关的具体审计目标

序号	认定	审计目标	违反目标事项举例
1	发生	确认已记录的交易是真实的	虚构交易，确认不存在的销售收入
2	完整性	确认已发生的交易确实已经记录	实际发生的销售收入未记录在会计系统中
3	准确性	确认已记录的交易是按正确金额反映	记录的商品销售金额与实际不符
4	截止	确认接近于资产负债表日的交易记录于恰当的期间	本期的销售推迟至下一个会计期间记录
5	分类	确认被审计单位记录的交易经过适当分类	将营业外收入记录为营业收入
6	列报	确认被审计单位的交易和事项已被恰当地汇总或分解且表述清楚，相关披露在适用的财务报告编制基础下是相关的、可理解的	未按规定披露关联交易

(2) 与期末账户余额相关的审计目标，如表 2-10 所示。

表 2-10 与期末账户余额相关的具体审计目标

序号	认定	审计目标	违反目标事项举例
1	存在	确认记录的金额确实存在	在会计记录中确认了不存在的存货
2	权利和义务	确认资产归属于被审计单位，负债属于被审计单位的义务	将他人寄售商品列入存货
3	完整性	确认已存在的金额均已记录	实际存在的应收账款未包含在应收账款记录中
4	准确性、计价和分摊	资产、负债和所有者权益以恰当的金额包括在财务报表中	实际减值的存货未按规定计提减值准备
5	分类	资产、负债和所有者权益已记录于恰当的账户	一年内到期的非流动负债仍列示在非流动负债项下
6	列报	资产、负债和所有者权益已被恰当地汇总或分解且表述清楚，相关披露在适用的财务报告编制基础下是相关的、可理解的	未披露存在质押、冻结等对变现有限制的货币资金

2. 数据采集与处理

在明确了审计目标后，需要采集相关的数据。这可能涉及从多个来源获取结构化和非结构化数据。本书涉及的数据的来源包括数据库、本地文件和从互联网采集的外部数据，采集数据的质量和完整性对后续的分析至关重要。

数据收集后，通常需要进行数据预处理以确保数据的质量和一致性，以便更有效地进行后续分析或建模。数据预处理的主要目标包括提高数据质量、消除噪声、解决缺失值和异常值等，以及使数据适合模型训练和分析。数据处理主要包括数据清洗、数据转换、数据归约，审计中可能还包括其他的特殊数据处理，例如数据的抽样等。

3. 探索性数据分析

探索性数据分析(exploratory data analysis，简称 EDA)的主要目的是帮助数据分析人员在深入研究问题之前更好地理解数据，发现数据中的规律性或异常信息，并对后续分析提供指导。EDA 通常是数据分析过程的起始阶段，有助于形成对数据的初步认识，为进一步分析打好基础。

4. 建立分析模型

在审计数据分析中，数据建模是指根据审计目标和所采集的数据特征，构建适当的统计模型、相关性分析或机器学习模型来分析数据。

在目前的审计实践中，分析模型的数据相关性分析较为常见，例如在认定销售收入的准确性时，将被审计单位与同行业用电量和销售收入的关系指标进行对比，以分析被审计单位的销售收入是否存在异常。

分析模型更关注以外部数据来分析和验证内部数据，从而获取更可靠的审计证据，例如上例中同行业的用电量可以从外部信息得到验证，具有更高的可靠性。

当然，在海量数据环境下，可能存在一些隐藏的关系或规律，无法通过人工判断或简单的指标分析得到预期值，可以利用机器学习的算法来构建模型。分析模型可能用于审计分析程序中的预期值判断，或直接得出差异结果，以可视化的形式呈现分析结果。

5. 差异分析与结果分析

差异分析与结果分析，是指基于分析模型分析数据结果，与预期值进行比较，从而判断实际结果与预期值的差异，并根据审计人员的重要性判断，确定差异是否可以接受。如果差异超过重要性判断标准，则需要实施进一步审计程序，如实施进一步的分析程序或细节测试来形成审计结论。

↗ 拓展练习

1. 利用金蝶轻分析平台，从案例数据库中获取数据表"利润表_和美制药"，选择报表日期和营业收入字段，在"数据斗方"模块中进行营业收入的趋势分析。

2. 利用金蝶大数据平台，从唯品会选择一款产品，爬取其评论数据，经过处理后进行词云分析。

3. 通过 MySQL 查询语句，从"车辆信息""送货运输数据表"两表找出送货重量超出车辆最大载重的数据。

第 3 章
审计大数据采集

↗ 学习目标

1. 掌握企业 ERP 系统数据采集方法
2. 了解纸质单据与音频数据的采集方法
3. 掌握文件数据的采集方法
4. 掌握行业财报数据采集方法

↗ 学习导图

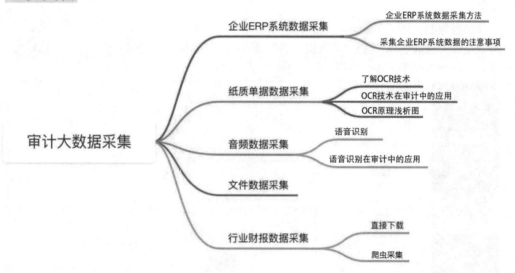

3.1 企业 ERP 系统数据采集

【案例场景】

广东金利信会计师事务所在承接广东和美制药有限公司的审计业务后,调查了解该公司运用的财务、业务软件等,通过取数工具连接该公司的数据库,获取与财务、业务相关的数据。

【知识准备】

审计数据采集是大数据审计的起点和基础,审计人员在得知被审计单位运用财务、业务软件等的情况下进行调查,不仅要了解常规审计方法下的所有内容,还要了解与计算机审计有关的信息系统及其电子数据情况,内容包括信息系统的名称、功能及业务流程、软件开发商及版本、后台数据库格式及版本、数据库结构或数据字典等。根据审前调查所了解的情况,决定采用何种数据采集方法。

1. 企业 ERP 系统数据采集方法

(1) 利用数据备份方法,采集符合审计人员需求的数据(假设被审计单位的财务软件为金蝶),利用数据库的查询语句将所需数据进行提取转换，利用数据转出功能转存为 Excel 表格。

（2）利用被审计单位的业务系统所使用数据库的数据转出功能，直接还原数据库进行审计分析。

（3）被审记单位通常会定期备份其信息系统数据，审计人员可以从服务器上找到备份数据的存储位置，将数据库对应扩展名的备份数据直接进行拷贝。

2. 采集企业 ERP 系统数据的注意事项

（1）应当要求被审计单位提供信息系统的数据库结构或者数据字典，以便进行数据分析。

SQL Server 数据库还原操作

（2）应当采集信息系统的全部数据，避免在审计中发现缺少关键数据表而重新采集。

（3）避免对被审计单位相关信息系统及其电子数据造成不良影响。

【实训要求】

在大数据审计平台连接大数据审计数据库，采集广东和美制药有限公司"主营业务收入总分类账"数据。

【实训指导】

登录金蝶大数据平台，选择"大数据采集"区域中的"异构系统数据采集"选项，选择"mysql"数据库，然后单击"下一步"按钮，如图 3-1 所示。

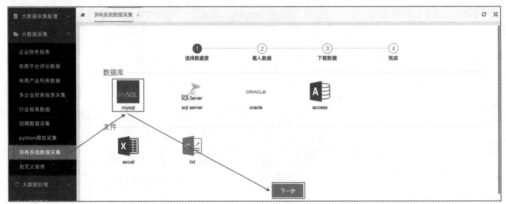

图 3-1 异构系统数据采集

输入数据库连接信息，包括服务器、端口、用户名和密码，然后单击"连接"按钮，显示连接成功后选择审计数据库"bigdata_audit"，类型选择"表"，然后单击"下一步"按钮，如图 3-2 所示。

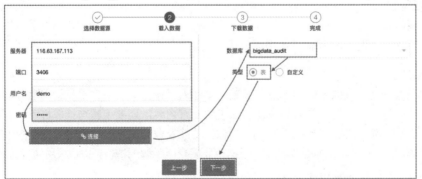

图 3-2 连接数据库服务器

展开下拉列表，在其中选择本实训要求的"主营业务收入总分类账"表，如图 3-3 所示。

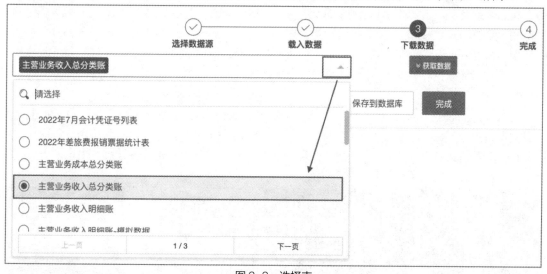

图 3-3　选择表

单击右侧的"获取数据"按钮，待下方显示获取的数据结果后，单击"下载"按钮可以将数据库中的数据下载为 Excel 表格，如图 3-4 所示。

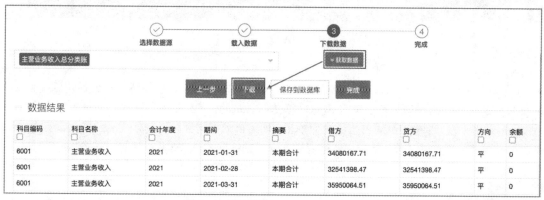

图 3-4　获取数据

↗ 拓展练习

在金蝶轻分析平台连接和美制药的数据库服务器，采集表单"利润表_和美制药"。

操作视频

3.2　纸质单据数据采集

【案例场景】

广东金利信会计师事务所的计算机审计工作主要基于数据库中的电子数据进行分析。从以往的审计经验看，被审计单位的各类纸质文件中往往隐藏着大量审计线索和疑点。随着新技术的不断发展，该事务所引进了最新的 OCR 图片识别技术，只需要利用扫描仪将相关纸质文件扫描成图片，审计人员就可以对扫描后的图片进行 OCR 处理，提取关键信息形成文字文件，为相关文档的深度挖掘和利用打好基础。

审计人员在对广东和美制药有限公司的会计凭证进行抽查时，会涉及大量销售发票和采购发票，如果进行手工统计，则需要花费大量时间。因此，审计人员决定利用 OCR 技术快速统计凭证中的发票数据。

发票资料

【知识准备】

1. 了解 OCR 技术

OCR(optical character recognition)，即光学字符识别。现今，由于数字图像的普及，OCR 也包含场景文字识别(scene text recognition, STR)，面向自然场景。OCR 泛指文字检测和识别，包括扫描文档和自然场景的文字识别。由图 3-5 可以看到，OCR 的主要工作内容是从各种图片中识别出对应的文字内容，包含中文、英文及其他各类字符。

图 3-5　OCR 技术

2. OCR 技术在审计中的应用

(1) 身份证件、银行卡识别。在政府审计或内部审计项目中，经常需要采集人员信息及个人金融数据。OCR 手机身份证号识别技术 SDK 可支持 Android、iOS 主流移动操作系统。集成该 SDK 后，用户采用手机、平板电脑对身份证进行拍摄，即可自动识别身份证信息(见图 3-6)。银行卡 OCR 识别主要用于移动支付绑卡，是一项非常有技术含量的细分 OCR 技术。目前，有些 App 已使用该技术，如支付宝、微信等可通过拍照或图片识别银行卡号等信息。

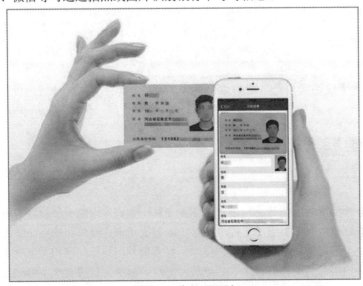

图 3-6　身份证识别

(2) 文档 OCR 识别。在审计项目中，文档 OCR 识别应用非常广泛，例如审计中常常涉及合同文本、会议纪要、访谈记录、被审计单位的制度文件等非结构化数据，经过识别及处理成结构化数据后进行分析。OCR 技术最早的应用便是识别文档，基于扫描技术，把纸质文档进行电子化，目前中英文识别率也非常高。

(3) 票据 OCR 识别。票据 OCR 识别是审计中常用的技术，在实质性审计程序和控制测试中均有应用。顾名思义，票据 OCR 识别用于各式各样的票据识别，基于模板机制，需要针对不同的票据，定制不同的识别要素。这项技术也称为要素识别 OCR。

3. OCR 原理浅析图

OCR 总体上分为两个大步骤：图像处理及文字识别，具体流程如图 3-7 所示。

图 3-7　OCR 原理简图

【实训要求】

根据提供的被审计单位销售发票和采购发票的扫描图片，在大数据审计平台进行 OCR 处理，识别票面关键信息并将数据采集结果保存。

【实训指导】

登录进入金蝶智能处理模块，选择"图片识别处理"选项。根据下载的发票选择正确的图像识别类型，单击"导入图像"按钮，例如选择增值税专用发票，导入下载的三张采购增值税专用发票(注意要正确选择发票类型，如果选错，则无法验证成功)，然后单击下方的"OCR"识别。运行完成后可在下载预览区查看已识别的发票信息，如图 3-8 所示。

图 3-8　发票识别

➡ 拓展练习

下载识别的发票信息，对其进行数据处理，整理成一张首行为字段名的 Excel 表单。

3.3 音频数据采集

【案例场景】

广东金利信会计师事务所对广东和美制药有限公司的财务报表进行审计时,因为是首次接受委托,需要花费较多时间了解被审计单位的环境,主要通过询问管理层、各职能部门及员工来获取初步信息。为避免询问时记录不全,审计人员在询问过程中进行了录音。后期在整理访谈记录时,审计人员意识到重新听取录音花费的时间过长,因此寻求将录音文件自动识别成文字的技术。

访谈录音(何小蝶与王仁和)

【知识准备】

1. 语音识别

语音识别指将声音内容转换成文字的技术,是一门交叉学科,涉及生理学、声学、信号处理、计算机科学、模式识别、语言学等多个学科的知识。语音识别技术让机器通过识别和理解过程,把语音信号转变为相应的文本或命令,可以实现人与机器的语音交流。

语音识别包括关键词识别、连续语音识别、说话人识别等,审计中较常用的是连续语音识别(CSR),即对连续的语音流进行识别,将语音转为文本。语音识别的主要流程如图3-9所示。

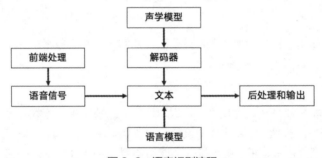

图3-9 语音识别流程

通过麦克风等设备采集的语音信号传入语音识别系统后,首先需要进行前端处理,包括预处理与特征提取;其中预处理又包括去噪、强化特定频段的信号、语音增强等,用于提高识别的准确度。然后使用基于深度学习技术构建的声学模型建立语音信号特征与文本之间的映射关系,由解码器将声音信号转换为候选文本;语言模型会对解码器生成的文本进行进一步的语言分析,以提高识别准确度。最后,输出文本结果。

目前的语音识别已经达到相当高的准确度,但对于不同口音、语速和音量,以及背景噪声和其他干扰因素的处理,仍然存在一定的难度和误差率。随着大模型技术的发展,语音识别技术结合大模型可以进一步提高语音识别的准确度,并可进一步对识别的文本进行总结、提炼等。

2. 语音识别在审计中的应用

语音识别技术在审计领域中的应用正逐渐增多,它可以帮助审计人员提高工作效率和审计精准性。以下是语音识别在审计中的一些常见应用。

(1) 智能录音分析:在审计过程中,可能涉及大量的访谈和会议录音。利用语音识别技术,可将这些录音文件转换为文本,审计人员可快速搜索和分析对话内容,找出关键信息。

(2) 工作效率提升:传统的审计工作往往需要大量的手动输入,而语音识别可以帮助审计人员将口述的笔记或想法直接转换为文本,从而节省时间,提高工作效率。

(3) 存证记录：语音识别技术可以帮助审计人员将客户会议的语音记录转换为文本，作为审计存证的一部分，便于未来的查询和复核。

(4) 远程审计协作：在疫情期间或者由于其他原因导致的远程工作环境中，语音识别可以帮助分散在不同地点的审计团队成员高效协作，通过将语音转换为文本记录，方便团队成员之间的信息共享和审计文档的编制。

(5) 风险识别和监控：结合声纹识别等技术，可对电话录音进行身份识别，确保只有授权人员才能访问敏感信息。

【实训要求】

根据提供的音频，在大数据处理平台进行语音识别处理，导入音频后进行识别，并将数据采集结果保存并下载。

【实训指导】

登录进入金蝶智能处理模块，选择"语音识别处理"选项，单击"导入音频"按钮，将下载的音频文件解压缩后导入(注意不要修改文件名称)，然后单击"音频识别"按钮，即可在预览区查看识别的语音文件，也可以下载后进行进一步分析，如图3-10所示。

图3-10　语音识别

拓展练习

下载识别的语音文字，提取出你认为对实施下一步审计程序有用的信息。

3.4　文件数据采集

【案例场景】

广东金利信会计师事务所承接了广东和美制药有限公司的年报审计业务，和美制药属于中成药制造行业。在对被审计单位环境了解的过程中，审计人员何小蝶想从互联网获取一些医药出厂价格指数的相关信息，以对和美制药所在行业状况有所了解。

【知识准备】

审计过程中，被审计单位常在文档中存放临时处理或无法在系统中正常处理的异常文件，而获取这些资料有时会成为审计问题发现的突破口。另一方面，审计过程中也常涉及需要获取外部信息，例如从金融网站获取汇率信息，从行业网站获取市场价格相关信息等。

结构化文档中以 xls、csv、txt 格式最为常见，随着全国数字化建设浪潮的兴起，数据统计类网站被审计人员广泛使用，其中国家统计局网站(https://www.stats.gov.cn)是常用数据查询的来源之一。

【实训要求】

从国家统计局网站获取最近 24 个月的医药制造业工业生产者出厂价格指数，导出为 Excel 文件，并将其导入金蝶轻分析平台。

数据网址为：https://data.stats.gov.cn/easyquery.htm?cn=A01&zb=A010D0L&sj=202206。

【实训指导】

在浏览器中打开提供的网址，如果没有出现下图的数据，则依次选择"指标"|"分行业中类工业生产者出厂价格指数"|"医药制造业工业生产者出厂价格指数"选项；对于"时间"，在下拉菜单中选择"最近 24 个月"选项，然后单击上方的"下载"按钮，如图 3-11 所示。注意该网站可能需要登录或注册。

图 3-11　统计局数据源

在弹出的对话框中单击 Excel 单选按钮，单击"下载"按钮，下载文件并保存为"医药制造工业生产者价格指数"。打开下载的文件，对格式略作调整，将前两行和最后一行删除，然后保存并关闭，如图 3-12 所示。

数据库: 月度数据				
时间: 最近24个月				
指标	2022年6月	2022年5月	2022年4月	2022年3月
化学药品原料药制造工业生产者出厂价格指数(上年同月=1		104.7	104.4	104.9
化学药品制剂制造工业生产者出厂价格指数(上年同月=100		97.9	98.1	98.2
中药饮片加工工业生产者出厂价格指数(上年同月=100)		109.7	109.8	109.8
中成药生产工业生产者出厂价格指数(上年同月=100)		102.4	102.7	102.6
兽用药品制造工业生产者出厂价格指数(上年同月=100)		98.5	99	99.4
生物药品制品制造工业生产者出厂价格指数(上年同月=100		98	97.5	98.6
卫生材料及医药用品制造工业生产者出厂价格指数(上年同		92.4	93.2	92.1
药用辅料及包装材料工业生产者出厂价格指数(上年同月=1		98.3	98.9	99.9
数据来源: 国家统计局				

图 3-12　数据处理

打开金蝶云星空平台地址，在金蝶云星空账号选项下选择正确的数据中心。登录后进入"轻分析"模块，在"轻分析"界面中，新建"审计数据采集"项目。在"新建项目"面板中新建业务主题，进入新建业务主题的"数据建模"模块，单击"新建数据表"按钮，选择 Excel 文件，然后单击"下一步"按钮，如图 3-13 所示。

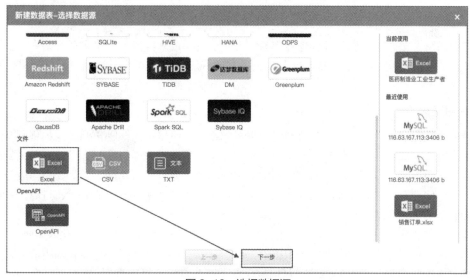

图 3-13　选择数据源

单击"上传文件"按钮，将下载的 Excel 文件上传；单击"下一步"按钮，勾选上传的表格，继续单击"下一步"按钮，勾选需要分析的字段或勾选全选，单击"完成"按钮。在"数据建模"模块中可以看到获取的 Excel 文件已经导入轻分析平台，可用于后续的统计分析及可视化分析，如图 3-14 所示。

图 3-14　采集 Excel 数据表

🔼 拓展练习

1. 在轻分析的"数据斗方"模块中,使用折线图对采集的 Excel 数据表中的中成药生产工业生产者出厂价格指标进行趋势分析。

2. 根据分析结果,简要说明中成药的价格指数趋势,以及可能对案例企业销售收入的预期产生什么影响?

3.5 行业财报数据采集

【案例场景】

何小蝶的项目团队正在对和美制药的财务报表进行审计,在对被审计单位环境进行了解及财务报表分析复核阶段,何小蝶认为随着企业的系统信息化发展,企业财务舞弊趋向于系统化的全面造假,仅分析被审计单位本身的报表往往难以识别异常或重大错报。何小蝶拟采集被审计单位所在行业的财务报表,通过与行业报表的对比,有利于从外围入手,拓宽审计思路。

【知识准备】

上市公司财务报表常用以下两种采集方式。

1. 直接下载

上市公司财务报表的采集可以在证券交易所、企业官网或东方财富等金融类网站直接下载。直接下载往往只能下载单个企业的单张报表;如果需要获取多个企业或全行业的报表数据,则难以实现。

2. 爬虫采集

通过网络爬虫可以批量采集上市公司财务报表数据。网络爬虫是一种按照一定的规则自动抓取万维网信息的程序或脚本,它们被广泛用于互联网搜索引擎或其他类似网站,可以自动采集所有能够访问到的页面内容,以获取或更新这些网站的内容和检索方式。从功能上讲,爬虫一般分为数据采集、处理、储存三个部分,被爬虫抓取的网页将被系统存储,进行一定的分析、过滤,并建立索引,以便之后的查询和检索。

金蝶大数据处理平台内置了用于采集上交所和东方财富网上的企业的三大报表数据的 Python 代码,以及采集新浪财经网站行业财报数据的 Python 代码。即使你没有 Python 编程能力,只需要根据具体的采集需求灵活设置参数,也可采集任意上市公司财务报表数据。

【实训要求】

利用金蝶大数据平台的行业报表采集功能,采集 2021 年医药制造行业三大财报数据。

【实训指导】

登录进入金蝶大数据处理平台,在"大数据采集"区域中选择"行业报表数据"选项,展开"参数",在"行业"下拉列表中选择"医药制造业"选项,报表类型依次选择"资产负债表""利润表"和"现金流量表"(一次只能选择一类报表),选择采集报表的年份为"2021",如图 3-15 所示。

参数选择好后单击"运行"按钮。注意,由于行业数据较多,运行可能较慢,待显示运行完成后单击"数据结果"按钮,如图 3-16 所示。

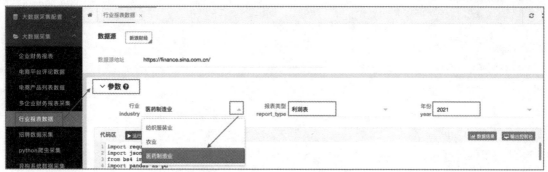

图 3-15　行业报表采集参数设置

图 3-16　行业报表采集运行

以利润表为例，单击"数据结果"按钮，可以预览、下载采集的数据，也可将采集数据保存到数据库，如图 3-17 所示。

#	报表日期	公司名称	一、营业总收入	营业收入	二、营业总成本	营业成本	营业税金及附加	销售费用	管理费用	财务费用
0	2021-12-31	诺思兰德	5,685.59	5,685.59	11,587.86	1,516.12	32.47	2,485.16	3,258.86	-24.68
1	2021-09-30	诺思兰德	3,533.33	3,533.33	7,792.43	863.31	13.87	1,641.90	2,263.53	-11.44
2	2021-06-30	诺思兰德	2,282.15	2,282.15	5,198.84	534.15	12.90	1,156.91	1,532.77	-1.15
3	2021-03-31	诺思兰德	789.17	789.17	1,705.64	190.35	1.82	564.61	554.76	-53.58
4	2021-12-31	森萱医药	56,354.29	56,354.29	40,240.67	31,067.28	608.43	1,485.85	5,070.02	-801.20
5	2021-09-30	森萱医药	39,774.46	39,774.46	27,817.26	21,337.16	466.32	1,091.91	3,653.58	-645.38
6	2021-06-30	森萱医药	26,332.80	26,332.80	17,119.23	13,058.47	336.65	658.89	2,025.66	-311.82
7	2021-03-31	森萱医药	13,932.56	13,932.56	8,890.43	6,923.93	171.33	312.46	1,041.85	-179.92
8	2021-12-31	梓橦宫	42,412.91	42,412.91	33,933.78	8,255.06	659.07	21,068.22	2,927.10	-54.03
9	2021-09-30	梓橦宫	31,128.78	31,128.78	24,968.48	5,977.68	488.40	15,406.26	2,236.55	-63.97
10	2021-06-30	梓橦宫	19,755.20	19,755.20	15,698.46	3,856.84	309.06	9,609.18	1,176.55	-21.85
11	2021-03-31	梓橦宫	9,207.98	9,207.98	7,614.51	1,822.11	144.98	4,469.68	609.62	-13.84

图 3-17　行业报表采集结果

拓展练习

选择一家与案例企业业务接近的上市公司，利用金蝶大数据平台采集该公司多个年度的财务报表。

第 4 章 审计大数据处理

↗ 学习目标

1. 掌握常用数据清洗和数据转换方法
2. 理解通过计算机辅助审计抽样的原理与方法
3. 掌握重号和断号分析的方法与常见应用
4. 掌握模糊匹配分析方法与常见应用

↗ 学习导图

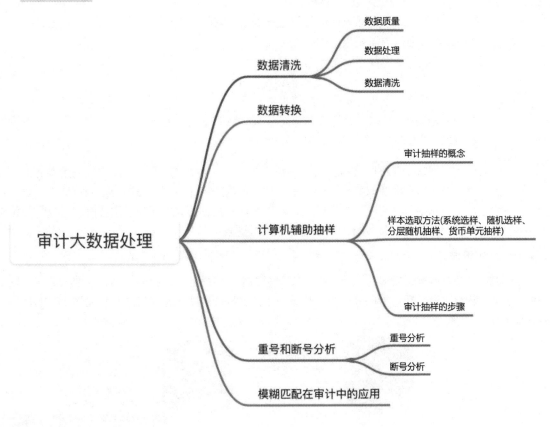

4.1 数据清洗

【案例场景】

唐小果是广东金利信会计师事务所的审计人员。在对广东和美制药有限公司销售与收款循环所涉及的财务报表进行审计的过程中,由于在审计期间被审计单位更换了供应链系统,且并行了一段时间，使得分别从两个系统中获取的"销售出库单列表"格式不一致，可能存在重复数据。为获取完整有效的订单数据，唐小果需要对分别从两个系统导出并经过简单合并的"销售出库单列表"进行处理。经过观察，数据存在以下问题需要清洗。

(1) "收货单位"列和"客户"列的内容重复，审计任务不需要"收货单位"列的数据；

(2) 旧系统中"单据类型"均为"CKD"，与"单据编号"合并后与新系统保持一致；

(3) 合并后的单据编号可能存在重复项；

(4) 旧系统中"物料编码"部分存在空缺，经检查均为海马舒活膏，应该用"XY000002"补全。

销售出库单列表

【知识准备】

1. 数据质量

为确保审计工作的顺利开展，用来实施审计程序的数据应满足后续的分析或其他审计程序需求，一般来说，数据质量应满足以下条件。

(1) 准确性：指数据源中实际数据值与假定正确数据值保持一致。

(2) 完整性：指数据源中需要数值的字段中无缺失。

(3) 一致性：指数据源中数据满足一组约束。

(4) 唯一性：指数据源中数据记录及编码是唯一的。

(5) 适时性：指在所要求或指定的时间提供数据项。

(6) 有效性：指维护的数据足够严格以满足分类准则的接受要求。

2. 数据处理

采集的原始数据常常存在格式不一致、错漏数据、多余数据等问题，不能直接满足实施审计程序的数据质量需求。需要将所取数据处理成审计过程所需的审计数据，为下一步的审计工作奠定基础。数据处理主要包括数据清洗、数据转换、数据归约。数据的处理在审计中还有一些具体的特殊应用，如计算机辅助抽样、重号与断号查询、模糊匹配查询等。

3. 数据清洗

数据清洗是对重复、错误、残缺、噪声等问题进行对应的处理，得到标准、连续的数据，以便进一步进行数据统计、数据挖掘分析等。简单来说，数据清洗就是将"脏"数据清洗干净的过程，如图4-1所示。

图4-1 数据清洗

金蝶大数据审计实训平台可对上传的 Excel 表格的数据进行数据清洗，可自行添加多种清洗规则，包括数据去重、非法字符清理、数据删除、字符替换/分割/合并、缺失值插补等。清洗完成后可在数据预览区下载处理好的数据表格。

【实训要求】

在大数据审计实训平台，根据附件提供的"销售出库单列表"依次完成以下清洗任务。

(1) 删除"收货单位"列；
(2) 合并"单据类型"和"单据编号"列，并将新列命名为"编号"；
(3) 删除"编号"列存在重复的行数据；
(4) 将合并列"编号"中多余的<NA>字符替换为空白字符；
(5) "物料编码"列中的空缺值用"XY000002"填充。

【实训指导】

进入大数据审计实训平台，选择"大数据处理"区域中的"数据清洗"选项，单击"上传文件"按钮，将提供的"销售出库单列表"上传，然后单击"选择数据源"下拉按钮，选择刚上传的"销售出库单列表"，如图4-2所示。

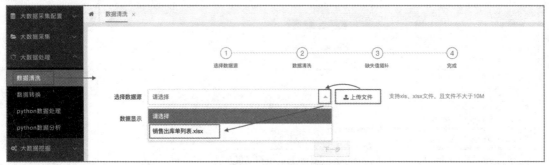

图4-2 上传数据表

执行完毕后可在下方数据预览窗口看到上传的数据。单击"下一步"按钮，在处理页面单击"添加规则"按钮，选择"局部清洗"|"列删除"选项，单击右侧的"+"按钮，在弹出框中勾选"收货单位"字段，并单击"选择"按钮，如图4-3所示。

图4-3 删除列

继续单击"添加规则"按钮，选择"局部清洗"|"字符合并"选项，单击右侧的"…"按钮，选择"单据类型"和"单据编号"两个字段，连接符处不填入内容，为"合并后的字段名"输入"编号"，如图4-4所示。

图 4-4 字符合并

单击"执行清洗"按钮,可在"执行结果反馈区"查看结果,如图 4-5 所示。

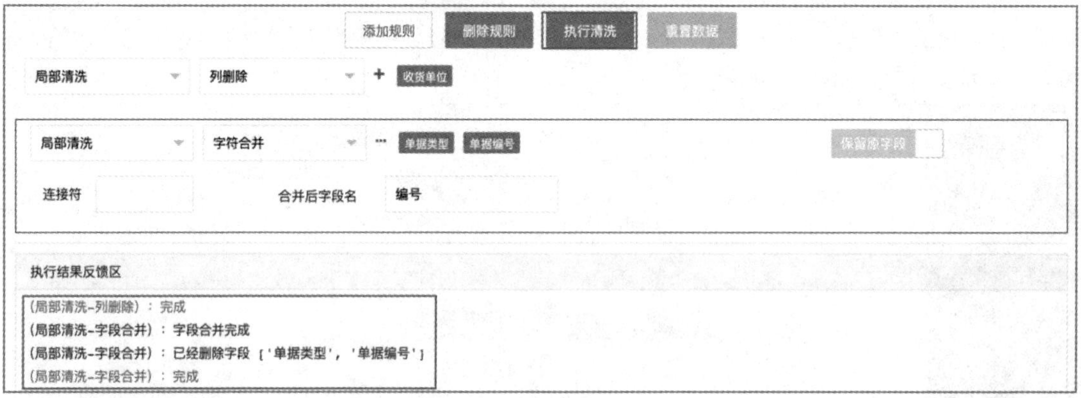

图 4-5 执行清洗

单击两次"删除规则"按钮,将已执行完的规则删除。再次单击"添加规则"按钮,选择"全局清洗"|"重复数据删除"选项,单击右侧的"+"按钮,勾选"编号"字段,如图 4-6 所示。

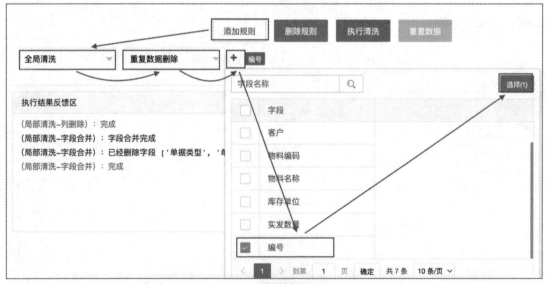

图 4-6 删除重复数据

继续添加规则,选择"局部清洗"|"字符替换"选项,单击右侧的"+"按钮,选择"编号"字段,输入"<NA>","替换为"编辑框中不输入任何内容,如图 4-7 所示。

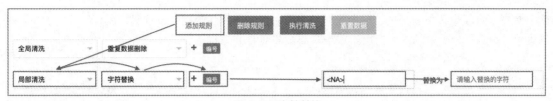

图 4-7　字符替换

单击"执行清洗"按钮,待执行结果反馈区显示执行完成,可在下方的"数据预览"区域查看已处理的数据表,然后单击"下一步"按钮。

在下一页面选择"为空缺失值插补"选项,单击右侧的"…"按钮,选择"编号"字段。为"插补要求"选择"默认值补缺"选项,默认值输入"XY000002",单击"执行插补"按钮,如图4-8所示。

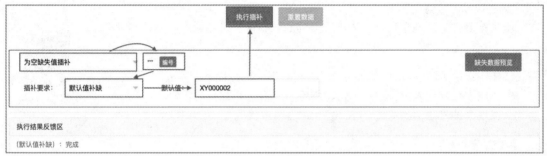

图 4-8　空缺值插补

待执行完毕后,可在数据预览区预览处理完的数据,单击"下载"按钮,也可将其保存到审计数据库中,如图4-9所示。

#	日期	客户	物料编码	物料名称	库存单位	实发数量	编号
0	2021-01-18	广东省清河医院	XY000005	小儿清肺口服液	箱	2164	CKD2021011809
1	2021-01-18	广东省新药医药经销有限公司	XY000006	小儿解表颗粒	箱	760	CKD2021011813
2	2021-01-18	深圳青泽医药连锁有限公司	XY000003	活血镇痛胶囊	箱	699	CKD2021011824
3	2021-02-14	仁心医院	深圳青泽医药连锁有限公司00001	复方地龙片	箱	978	CKD2021021401
4	2021-03-08	广东省新药医药经销有限公司	XY000002	海马舒活膏	箱	570	CKD2021030804

图 4-9　完成数据清洗

▶ 拓展练习

对本教材第3.5节的拓展练习中采集的数据进行清洗,包括删除多余的行与列,修改其字段名称与报表日期的值等。

操作视频

4.2　数据转换

【案例场景】

钱小欢是广东金利信会计师事务所的审计人员,负责和美制药 2021 年的财务报表审计中的采购与付款循环的审计。在审计过程中,发现和美制药子公司使用与母公司不同的供应链系统,且导出的字段名在第一列,不便于分析。经仔细对比从不同系统中导出的采购入库单,发现子公司的入库单单据编号较母公司少一位，缺少的编号字符为代表单位代码的首位代码，而该子公司的单位代码为 P。为便于分析采购入库情况，钱小欢需要先对合并数据进行简单处理。

【知识准备】

数据转换是将数据转换成规范、结构化的形式，以便更好地理解和处理。数据转换模块可以对上传的 Excel 表格中的数据进行转换，将数据转化为适当的形式，以便之后进行数据挖掘分析等处理。常见的数据转换类型有以下三种。

(1) 长度统一转换。当数据来自不同数据源时，不同类型的数据源在表示同一含义的数据时，长度可能不同，例如不同数据表内对同一供应商设置的编码长度不一致，在后续做数据表关联时无法对应。这时需要将表示同一含义的数据的长度进行统一。

(2) 日期格式转换。可将日期格式统一为"yyyy/mm/dd""yyyy-mm-dd""yyyy 年 mm 月 dd 日""yyyy-mm""yyyy"等。

(3) 数据转置。某些情况下，表内行与列的数据需要进行调换，称为转置。

采购入库单列表

【实训要求】

根据提供的经简单合并的"采购入库单列表"，进行以下转换处理。

(1) 为便于后续导入数据进行分析，将整个表格进行行列的转置。

(2) 在单据编号缺位的值前补充一位"P"(单位代码)。

【实训指导】

在大数据审计实训平台"大数据处理"区域中选择"数据转换"选项，单击"上传文件"按钮，将提供的"采购入库单列表"上传，上传完成后单击"选择数据源"下拉按钮，找到并选择上传的"采购入库单列表"。待执行完成后可以在"数据预览"区域看到上传的数据，单击"下一步"按钮，如图 4-10 所示。

图 4-10 导入数据表

单击"添加规则"按钮，选择"数据转置"选项，单击"执行转换"按钮，如图 4-11 所示。待执行完成后，可在下方的"数据预览"区域看到转置后的数据表。

图 4-11 数据转置

删除刚才设置的数据转置规则，继续单击"添加规则"按钮。选择"长度统一转换"选项，单击右侧的"+"按钮，选择"单据编号"字段，在"补齐方向"选项区域中单击"左处理"单选按钮，为"补齐符"输入"P"，单击"执行转换"按钮，等待执行完成，如图4-12所示。

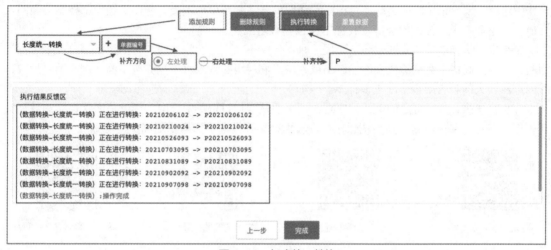

图 4-12 长度统一转换

执行完成后，在下方的"数据预览"区域可以下载处理好的数据或保存到数据库，以便后续分析，如图4-13所示。

#	单据编号	入库日期	供应商	物料编码	物料名称	库存单位	实收数量	单价	金额	仓库	仓位
0	M20210106032	2021-01-06	信诚资源集团有限公司	ZC000003	川芎	千克	800	122.32	97856	中药原料1号仓	ZL0003
1	M20210112022	2021-01-12	新疆天宝药业有限公司	ZC000002	白芷	千克	13900	73.44	1020816	中药原料1号仓	ZL0002
2	P20210206102	2021-02-06	江苏永盛化制药有限公司	ZC000002	白芷	千克	6100	76.16	464576	中药原料1号仓	ZL0002
3	P20210210024	2021-02-10	北京瑞丰堂股份有限公司	ZC000004	红花	千克	1200	164.30	197160	中药原料1号仓	ZL0004
4	M20210221100	2021-02-21	德仁中药材股份有限公司	ZC000004	红花	千克	5400	165.85	895590	中药原料1号仓	ZL0004

图 4-13 转换完成

拓展练习

对本教材第 4.1 节中清洗的财务报表进行转置，转置后导入轻分析平台，并对利润表中营业收入的趋势进行分析。

4.3 计算机辅助抽样

【案例场景】

何小蝶带领的审计团队在执行审计的过程中，发现很多程序都涉及审计抽样的问题。

唐小果负责广东和美制药有限公司 2021 年财务报表审计中销售与收款循环的审计任务，需要选取一部分销售出库单进行细节测试。唐小果希望选取的样本在所有排序中较为均匀。

郑小花负责广东和美制药有限公司 2021 年财务报表审计中货币资金的审计任务，需要从现金日记账中选取一部分记账凭证实施检查程序。选取的样本主要用于审查企业在资金内部控制方面的执行情况，不需要考虑样本的金额，且样本应该具有随机性。

唐小果在执行销售与收款循环审计程序时，还需要从主营业务收入明细账中选择部分样本进行控制测试。为提高样本测试的代表性，唐小果希望不同层级的收入水平能够按不同比例被随机抽取，即为金额较大的收入层级分配更多样本。

郑小花在执行货币资金的审计程序时，还需要从银行日记账中选取一部分记账凭证实施凭证检查程序。本着重要性原则，郑小花想让金额较大的凭证被选中的概率更高。

销售出库单列表

库存现金日记账

主营业务收入明细表

银行存款收支明细表

【知识准备】

1. 审计抽样的概念

审计抽样是指审计师对具有审计相关性的总体中低于百分之百的项目实施审计程序，使所有抽样单元都有被选取的机会，为审计师针对整体得出结论提供合理基础。

2. 样本选取方法

样本的选取方法包括系统选样、随机选样、分层随机抽样、货币单元抽样等，具体方法如下。

1) 系统选样

系统选样是从文件中按相等的间隔提取一些记录，也称为间隔采样。使用系统选样方法，总体中的每一个抽样单元被选取的机会都相等。使用系统选样的方法要求总体必须是随机排列的，如果抽样单元在总体内的分布具有某种规律性，则样本的代表性就可能较差，容易发生较大的偏差。系统选样可以在非统计抽样中使用，在总体随机分布时也适用于统计抽样。

2) 随机选样

相同数量的抽样单元组成的每种组合被选取的概率都相等。随机选样在统计抽样和非统计抽样中均适用。

3) 分层随机抽样

分层随机抽样用于对分层后的每层数据进行随机采样，提取指定个数的记录。与简单随机选样相比，需要先将总体按一定标准进行分层。

4) 货币单元抽样

货币单元抽样是一种运用属性抽样原理对货币金额(而不是发生率)得出结论的统计抽样方法，是概率比例规模抽样方法的分支，有时也被称为金额单元抽样。例如，总体包含 100 个应收账款明细账户，共有余额 200 000 元。若采用货币单元抽样，则认为总体含有 200 000 个抽样单元，而不是 100 个。总体中的每个货币单元被选中的机会相同，所以总体中某一项目被选中的概率等于该项目的金额与总体金额的比率；项目金额越大，被选中的概率就越大，这样有助于审计师将审计重点放在较大的账户余额或交易。

上述样本选取方法可通过计算机辅助完成，计算机辅助审计抽样(computer assisted audit sampling，CAAS)可以提高样本选取效率，减少人为错误和抽样偏差的风险。

3. 审计抽样的步骤

在审计应用中，统计抽样和非统计抽样的方法一般包括以下 4 个步骤：
(1) 根据具体审计目标确定审计对象总体；
(2) 确定样本量；
(3) 选取样本并审查；
(4) 评估抽样结果。

【实训要求】

利用金蝶大数据平台，完成以下项目的样本选取。
(1) 采用系统选样的方法，从提供的"销售出库单列表"中每间隔 50 份选取一个样本。
(2) 采用随机选样的方法，从提供的"库存现金日记账"中选取 20 份样本。
(3) 对提供的"主营业务收入明细表"按金额进行分层，并按每层的抽样比例随机抽取样本，如表 4-1 所示。

表 4-1

收入金额分层	分层标准	抽样比例
小额销售	100 000 元以下	1%
一般销售	100 000 元(含)~1 000 000 元(不含)	3%
大额销售	1 000 000 元(含)~10 000 000 元	5%

(4) 采用货币单元抽样的方法，从提供的"银行存款收支明细表"中选取 30 份样本。

【实训指导】

1) 系统选样

登录金蝶大数据处理平台，选择"大数据处理"区域中的"数据清洗"选择，上传提供的"销售出库单列表"，单击"选择数据源"下拉按钮，选择上传的数据表，如图 4-14 所示。待运行完成后可在下方的"数据预览"区域预览上传的数据，然后单击"下一步"按钮。

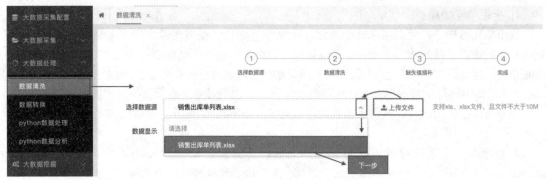

图 4-14 上传数据表

单击"添加规则"按钮,选择"全局清洗"|"间隔采样"选项,输入需要选取样本的间隔数为 50,或根据总的数据行数除以要求的样本个数(取整),然后单击"执行清洗"按钮,如图 4-15 所示。

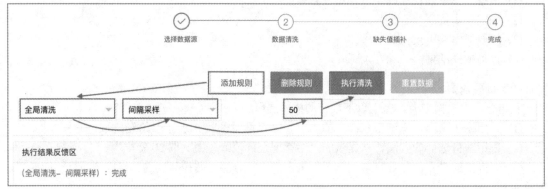

图 4-15 执行系统选样

待执行完成后,在下方预览抽取的样本数据,可以下载或将其保存到数据库,以备后续审计程序的实施,如图 4-16 所示。

#	日期	单据编号	客户	物料编码	物料名称	库存单位	实发数量	仓库	凭证号
0	2021-01-02	CKD2021010201	广东省第六康复医院	XY000001	复方地龙片	箱	526	中药成品仓	45
50	2021-01-26	CKD2021012602	广东省新药药业经销有限公司	XY000003	活血镇痛胶囊	箱	888	中药成品仓	4877
100	2021-02-26	CKD2021022604	广西省和县妙春大药房	XY000006	小儿解表颗粒	箱	725	中药成品仓	4281

图 4-16 系统选样结果

2) 随机选样

选择"大数据处理"区域中的"数据清洗"选项,上传提供的"库存现金日记账"表,选择上传的数据表,待运行完成后在下方数据预览区可以预览上传的数据,然后单击"下一步"按钮。在"数据清洗"页面单击"添加规则"按钮,选择"全局清洗"|"随机采样"选项,输入需要选取的样本数 20,然后单击"执行清洗"按钮,如图 4-17 所示。

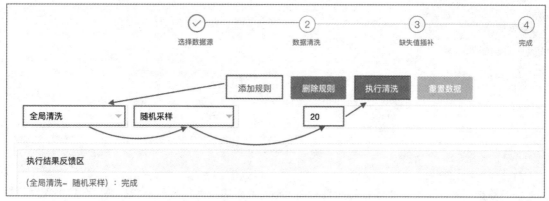

图 4-17　执行随机选样

待执行完成后,可以在下方预览抽取的样本数据,可以下载或将其保存至数据库,以备后续审计程序的实施,如图 4-18 所示。

图 4-18　随机选样结果

3) 分层随机选样

在"数据清洗"页面中上传提供的数据表"主营业务收入明细表",选择数据源后进入数据清洗,单击"添加规则"按钮,选择"局部清洗"|"分层采样"选项,单击右侧的"…"按钮,选择分层的字段,本任务为"金额"字段,按顺序输入分层范围和分层比例,分层范围可以通过右侧的">"和"-"按钮进行增删,依次输入 0、100000、1000000、10000000 表示三个范围区间,左侧为对应的抽样比例,即:

- 0~100000,对应抽样比例为 0.01(即 1%);
- 100000~1000000,对应抽样比例为 0.03(即 3%);
- 1000000~10000000,对应抽样比例为 0.05(即 5%)。

单击"执行清洗"按钮,如图 4-19 所示。

图 4-19　执行分层随机抽样

待执行完成后,可以在下方预览抽取的样本数据,可下载或将其保存至数据库,以备后续审计程序的实施,如图 4-20 所示。

#	日期	会计科目	凭证字	凭证号	摘要	金额
12	2021-01-09	主营业务收入	会计科目	1363	销售商品	370389.38
19	2021-01-14	主营业务收入	记	1536	销售商品	563946.90
35	2021-01-19	主营业务收入	记	3391	销售商品	272176.99
40	2021-01-21	主营业务收入	记	4085	销售商品	211221.24

图 4-20 分层随机抽样结果

4) 货币单元抽样

在"数据清洗"页面，上传提供的数据表"银行存款收支明细表"，选择数据源后进入"数据清洗"页面。单击"添加规则"按钮，选择"局部清洗"|"单元采样"选项，单击右侧的"…"按钮，选择分层的字段，本任务为"金额"字段，然后输入需要抽取的样本个数为30，最后单击"执行清洗"按钮，如图 4-21 所示。

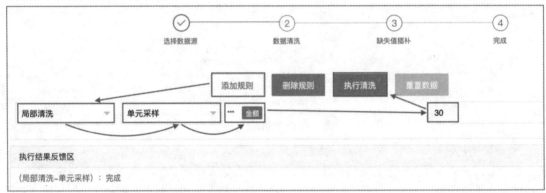

图 4-21 执行货币单元抽样

待执行完成后，可以在下方预览抽取的样本数据，可以下载或将其保存至数据库，以备后续审计程序的实施，如图 4-22 所示。

#	业务日期	单据编号	凭证字号	摘要	币别	金额
0	2021-01-02	FKD00000008	记-77	偿还借款	人民币	25133333.33
1	2021-01-02	FKD00000008	记-77	利息支出	人民币	546650.00
2	2021-01-13	FKD00000072	记-1793	支付费用	人民币	179606.80
3	2021-01-16	FKD00000083	记-2158	支付费用	人民币	9528.40

图 4-22 货币单元抽样结果

➹ 拓展练习

1. 采用系统选样的方法，从提供的"销售出库单列表"表中选取 10 个样本。

2. 光年公司有 500 名员工，内审人员需要核实员工的工资计算的准确性，工资记录已经按照部门进行分类。由于内审人员时间和资源有限，拟从中进行抽样核实，要求保证每个部门应有一定比例的随机样本，思考应使用哪种选样方法比较恰当？

3. 金花零售商店每天对店内商品进行抽样盘点，店主希望对单价较高的商品选择更多的样本来进行盘点核实，思考使用哪种选样方法比较恰当？

4.4 重号和断号分析

【案例场景】

何小蝶在对和美制药的财务报表实施审计时，了解到和美制药对于员工报销的电子发票是通过打印票据进行报销的。由于电子发票可以多次重复打印，和美制药通过录入发票号码，人工检查发票号码是否存在重复。为测试该内部控制的有效性，何小蝶决定对报销发票的号码进行全面比对，查找数据库中是否存在重复的发票号码。

另外，何小蝶通过取数软件导出了和美制药 2022 年 7 月的全部会计凭证，由于担心取数过程中的错误会造成数据不完整的情况，因此想通过检查会计凭证号是否存在断号来判断会计凭证的完整性。

【知识准备】

在审计实践中，重号和断号的检查是常用的功能。对于数据库中重号和断号的分析，可以通过 MySQL 查询语句直接从数据库中进行统计，较为方便快捷。

1. 重号分析

重号分析用来查找被审计数据某个字段或某些字段中重复的数据。当使用 MySQL 语句统计重复次数时，可能会用到 having 函数。having 是分组(group by)后的筛选条件，对聚合函数运算结果的输出进行限制，语法如下：

```
select column_name, aggregate_function(column_name)
from table_name
where column_name operator value
group by column_name
having aggregate_function(column_name) operator value
```

2. 断号分析

断号分析主要是分析被审计数据中的某字段在数据记录中是否连续。在 MySQL 中，查找断号的思路有多种，比较简单的一种是先将要查找的字段排序，如果该字段数减 1 的值存在于字段，则连号，否则为断号。例如查找某一本支票的断号数据，在数据表"支票登记簿"中，字段名称为"支票号码"：

```
select 支票号码 from (select 支票号码 from 支票登记簿 order by 支票号码) t
这句代码是按照支票号码排序，找到该本支票所有的支票号码
(select 1 from 支票登记簿 where 支票号码 = t.支票号码-1) is null
```

这句代码是条件，如果当前支票号码减 1 的号码不存在，则结果就是 null，如果存在就是 1。

【审计资料】

重号与断号分析涉及 MySQL 数据库中的"2022 年差旅费报销票据统计表""2022 年 7 月会计凭证号列表"，数据表结构如图 4-23 所示。

2022年差旅费报销票据统计表	
PK	序号
	开票时间
	发票号
	报销单编号
	报销人
	票据类型
	金额

2022年7月会计凭证号列表	
PK	凭证号
	日期
	凭证字

图 4-23　数据表结构

【实训要求】

(1) 根据提供的数据表"2022 年差旅费报销票据统计表",编写 SQL 代码找出重复入账的发票,并统计重复入账的次数。

(2) 根据提供的数据表"2022 年 7 月会计凭证号列表",编写 SQL 代码找出断号的会计凭证号码(不考虑最大凭证号后可能存在的缺号凭证)。

【实训指导】

1) 查找重复发票

登录金蝶云星空后进入"轻分析"模块,在本章项目下新建业务主题,命名为"重号和断号分析",参照轻分析平台的基本操作,通过以下路径打开 SQL 代码编写页面:数据建模 | 新建数据表 | 选择 MySQL 数据库 | 连接服务器 | 选择"自定义 SQL"。

通过 SQL 语句新建数据表,可以将其命名为"重复发票"。

输入以下 SQL 语句:

```
select distinct 发票号,count(发票号) as 重复次数
from `2022 年差旅费报销票据统计表`
group by 发票号
having 重复次数 > 1
```

单击"完成"按钮,如图 4-24 所示。

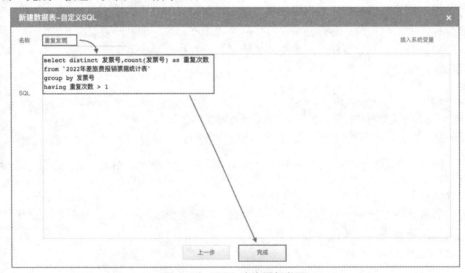

图 4-24　SQL 查询重复发票

返回建模页面，通过 SQL 语句共查找出 7 份重复号码的发票，其中 2 份被重复报销 3 次，如图 4-25 所示。

发票号	重复次数
73954338647	2
93150841270	2
C446441	3
E205769	2
H278151	2
K550037	2
L720170	3
总共7行数据	

图 4-25　重复发票查询结果

2) 查找缺失凭证

再次单击"新建数据表"按钮，打开 SQL 代码编写页面，通过 SQL 语句新建数据表，可以将其命名为"断号凭证"。

输入以下 SQL 语句：

```
select (凭证号 -1) as 凭证号 from (select 凭证号 from `2022年7月会计凭证号列表` order by 凭证号) t where
(select 1 from `2022年7月会计凭证号列表` where 凭证号 = t.凭证号 -1) is null and t.凭证号 > 1
```

单击"完成"按钮，如图 4-26 所示。

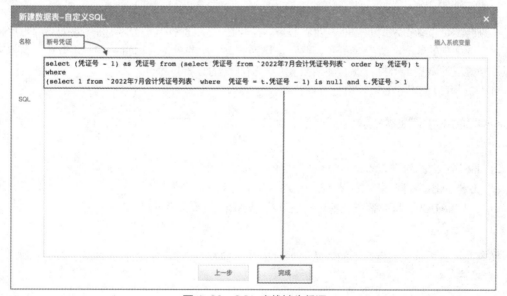

图 4-26　SQL 查找缺失凭证

返回建模页面，通过 SQL 语句共查找出 8 份断号凭证，单击"保存"按钮，如图 4-27 所示。

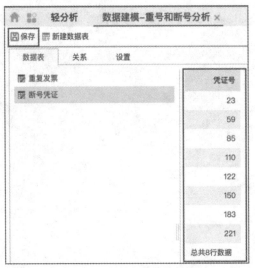

操作视频

图 4-27 缺失凭证查找结果

➤ **拓展练习**
思考重号和断号分析在审计中还有哪些应用？

4.5 模糊匹配在审计中的应用

【案例场景】
金小羽是精一公司的内审人员，正在对某建设项目进行跟踪审计。根据公司制度规定，不得在项目成本中开支业务招待费。根据以往的审计经验，项目负责部门常将招待费用计入项目成本的其他费用中。

【知识准备】
模糊匹配是审计中常用的技能。随着被审计单位信息化程度的进一步提高，数据来源也愈来愈广泛，审计采集的数据格式参差不齐，特别是作为关键字段的单位名称叫法不一，审计人员常常面临无法精确匹配数据的难题，此时便需要使用模糊匹配的分析技术。

MySQL 可以使用 like 实现模糊查询，语法格式为：

select * from 表名 where 字段名 like 对应值(子串)

例如：
- like'ABC%' 将搜索以字母 ABC 开头的所有字符串；
- like'%ABC' 将搜索以字母 ABC 结尾的所有字符串；
- like'%ABC%' 将搜索在任何位置包含字母 ABC 的所有字符串。

【审计资料】
模糊匹配分析涉及数据库中的"建设项目成本明细表"，其数据结构如图 4-28 所示。

建设项目成本明细表	
PK	序号
	日期
	科目编码
	科目名称
	凭证字
	凭证号
	收款方
	摘要
	借方金额

图 4-28 数据表结构

【实训要求】

在“建设项目成本明细表”中找出可能是业务招待费性质类的支出。

思考题：

以业务招待费性质的发票入账，通过费用报销单或应付单自动生成凭证，其收款方、记账凭证的摘要栏可能具有哪些特点？

【实训指导】

业务招待费大都以餐费的形式呈现，记账凭证中的摘要包含“餐费”或者收款方含有“餐饮”“风味”“美食”“餐厅”等字样的支出很可能属于招待费性质类支出。

登录金蝶云星空后进入“轻分析”模块，新建业务主题，命名为“模糊匹配查找”，通过 SQL 语句新建数据表，可以将其命名为“招待费用查找”，输入以下 SQL 语句：

```
select 日期,凭证号,收款方,摘要,借方金额
from `建设项目成本明细表`
where 摘要 like "%餐费%" or 收款方 like "%餐饮%" or 收款方 like "%风味%" or 收款方 like "%美食%" or 收款方 like "%餐厅%"
```

单击“完成”按钮，如图 4-29所示。

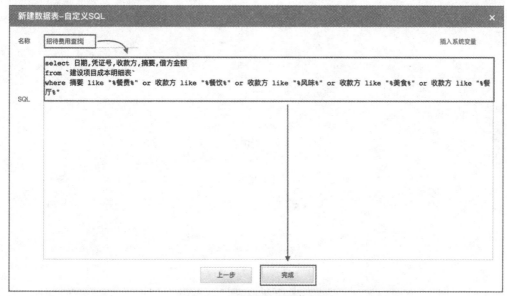

图 4-29 模糊匹配查找餐费支出

在"数据建模"模块中可以看到通过 SQL 语句查找的疑似招待费支付 110 单,单击"保存"按钮,如图 4-30 所示。

图 4-30　模糊匹配查找结果

操作视频

拓展练习

假设在两个数据表中,一个数据表中所列的是企业的全称,另一个数据表中列的是企业的简称,如何编写 SQL 代码将两个数据表的简称和全称对应起来?请给出示例的数据与代码。

第 5 章 审计大数据分析

学习目标

1. 掌握探索性数据分析的主要方法
2. 理解审计分析模型的构建思路
3. 理解线性回归、K-means 孤立点分析、词云分析及社会网强行分析的应用场景
4. 掌握可视化分析的操作及应用

学习导图

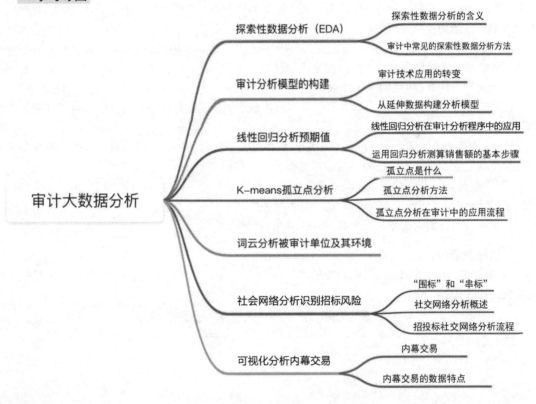

5.1 探索性数据分析(EDA)

【案例场景】

何小蝶接到一项业务委托,需要对同济堂 2016—2020 年的财务报表出具审阅报告。同济堂从事药品、医疗器械及健康相关产品的批发及零售配送,其中医药批发业务占公司营业收入的 80% 左右。何小蝶收到了同济堂 2016—2020 年的财务报表,拟先对财务报表进行初步的分析性复核。

【知识准备】

1. 探索性数据分析的含义

探索性数据分析(exploratory data analysis，简称 EDA)是一种数据分析方法，旨在通过可视化和统计手段来探索数据集的特征、结构和模式，从而发现数据中的潜在规律、趋势和异常。探索性数据分析的主要目的是帮助数据分析人员在深入研究问题前更好地理解数据，通常是数据分析过程的起始阶段，有助于形成对数据的初步认识，为进一步分析打好基础。

探索性数据分析也是一项计算机辅助审计技术，能够使我们对电子数据或电脑文件中储存的信息执行自动化审计测试。探索性数据分析方法是指通过技术提取符合特定标准的信息，从而获取电子信息并进行有效测试，或者通过各种方式对数据进行重编、汇总、分层和报告。探索性数据分析方法可以对大量数据进行有效分析，并可执行某些无法采用人工方式执行的审计程序。

2. 审计中常见的探索性数据分析方法

(1) 比率分析：包括结构比率、效率比率、相关比率。审计的分析性复核程序主要用于检查单个期间的财务报表要素，如对于资产负债表，反映为报表项目占资产总额的百分比，利润表则反映为报表项目占销售净额的百分比。

(2) 趋势分析：比较两个或多个期间的分析性测试。在审计中执行任何初步分析性复核或舞弊审计时，均须进行趋势分析，包括报表项目与财务比率的同比、环比分析等，因为审计关注的事项和舞弊会随时间的推移而发生变化，如果仅对单个年度进行分析，则无法识别此类变化。

在趋势分析中，可能包含具体项目每月、每周或者每日的趋势，以识别哪些异常的单独账户行为需要执行追加审计程序。

(3) 账龄分析：主要用于应收账款、应付账款及其他应收、应付款的分析，分析其债权债务的发生日至确定的截止日期的账龄，通常将其划分为不同的账龄段。

(4) 分层分析：分层分析是将数据根据一定的标准划分为不同的层次或组别，然后对这些层次或组别进行分析，以揭示数据中的模式、趋势和关联性。在分析性复核程序中，分层通常用于对数据进行更细致的观察和比较，以更有效地评估错报风险。

【数据表结构】

本项目分析涉及 MySQL 数据库中的"利润表_同济堂""主营业务收入明细账-模拟数据"，数据表结构如图 5-1 所示。

利润表_同济堂		主营业务收入明细账-模拟数据	
PK	会计期间(年月日)	PK	序号
	营业总收入		会计科目
	营业收入		日期
	营业总成本		凭证字
	营业成本		凭号号
	营业税金及附加		摘要
	销售费用		借方金额
	管理费用		贷方金额
	财务费用		方向
	……		期末余额

图 5-1 数据表结构

【实训要求】

(1) 对同济堂 2015—2020 年营业收入和营业成本进行趋势分析，根据案例场景就可视化图形进行简要分析。

(2) 分析同济堂 2015—2020 年三项期间费用占收入比,根据案例场景就可视化图形进行简要分析。

(3) 根据 2020 年主营业务收入模拟数据,使用 SQL 语句对营业收入按以下标准进行分层,并统计各层金额。

① 小额销售:100 000 元以下。
② 一般销售:100 000 元(含)~1 000 000 元(不含)。
③ 大额销售:1 000 000 元及以上。

【实训指导】
(1) 营业收入和营业成本趋势分析。

登录金蝶云星空后进入"轻分析"模块,新建业务主题,进入"数据建模"模块,通过 MySQL 数据库新建数据表,选择"利润表_同济堂",选择本项目需要用到的字段数据,包括"会计期间(年月日)""营业收入""营业成本""销售费用""管理费用""财务费用"。

完成后,单击数据表右侧菜单,选择"新建计算字段"选项,如图 5-2 所示。

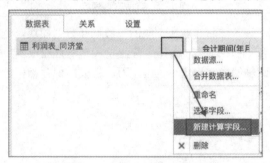

图 5-2 进入新建计算字段

进入新建计算字段页面,将新建字段名命名为"销售费用占营业收入比",编辑表达式为:

[销售费用]/[营业收入]

可通过双击数据表中的字段来获取字段名,然后单击"确定"按钮,如图 5-3 所示。

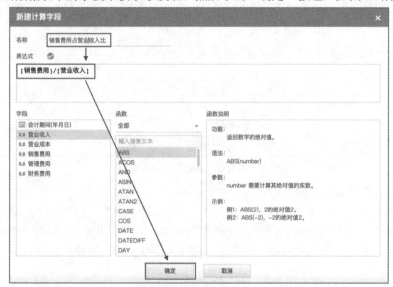

图 5-3 新建计算字段

重复上述操作，单击数据表右侧菜单，选择"新建计算字段"选项，新建管理费用和财务费用占营业收入比的字段，其表达式分别为：

管理费用占营业收入比：[管理费用]/[营业收入]
财务费用占营业收入比：[财务费用]/[营业收入]

完成后，可以在数据表中看到已建好的新字段，单击左侧"保存"按钮，如图5-4所示。

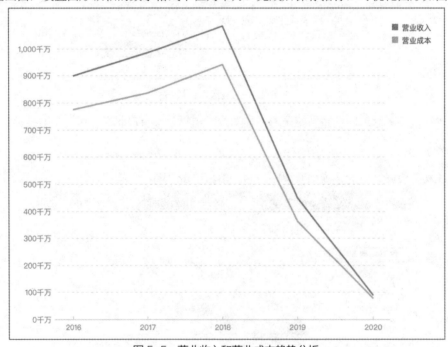

图5-4 完成数据建模

返回"轻分析"界面，进入该新建业务主题的"数据斗方"模块，选择图表类型为折线图，选择"会计期间(年月日)"字段拖入横轴，选择"营业收入""营业成本"字段拖入纵轴。选择预览尺寸为全画面，设置图形纵轴的数字格式单位为千万。完成后保存指标，可视化图形如图5-5所示。

图5-5 营业收入和营业成本趋势分析

(2) 三项期间费用比率分析。

清除上一步骤的图形，重新选择图表类型为"多系列柱形图"，选择"会计期间(年月日)"字段拖入横轴，选择"销售费用占营业收入比""管理费用占营业收入比""财务费用占营业收入比"字段拖入纵轴，将纵轴数字格式设置为百分比。完成后保存指标，可视化图形如图5-6所示。

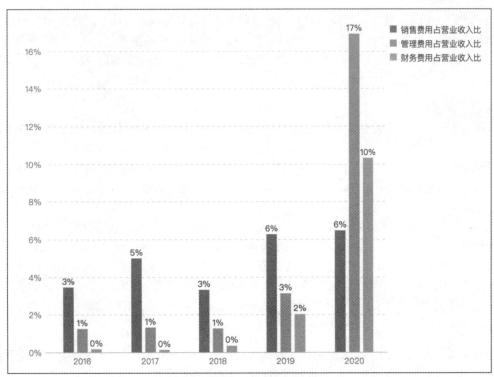

图 5-6 三项期间费用比率分析

(3) 主营业务收入分层统计。

返回"轻分析"界面，重新进入"数据建模"模块，通过 SQL 语句新建数据表，可以将其命名为"销售额分层"，输入以下 SQL 语句：

```
select 销售分层,sum(贷方金额) as 销售额 from
(select 贷方金额,
case when 贷方金额<= 100000 then "小额销售"
     when 贷方金额>=1000000 then "大额销售"
     else "一般销售" end as 销售分层
from `主营业务收入明细账-模拟数据`) as t
group by 销售分层
```

完成后，可以看到通过 SQL 语句对营业收入进行分层并统计销售额的结果，如图 5-7 所示。

销售分层	销售额
大额销售	498,560,441.24
小额销售	15,713,120.04
一般销售	363,898,538.72
总计	878,172,100.00

图 5-7 主营业务收入分层统计

(4) 分析说明，具体内容如下。

① 如图 5-5 所示，2016—2018 年营业收入和营业成本呈同步稳定增长趋势，2019—2020 年急速下跌，且营业收入较营业成本下降更为显著，在经营环境未发生重大变化的情况下，2016—2018 年营业收入与营业成本可能存在重大错报风险。

② 如图 5-6 所示，2016—2018 年三项费用占营业收入比较低且较为稳定，而 2019—2020 年三项费用占营业收入比急速增长，尤其是 2020 年营业收入从近 90 亿跌至不足 9 亿，而管理费用稳定上涨，使得 2020 年管理费用占营业收入比快速增长。若 2016—2018 年的营业收入存在重大虚增，三项期间费用的虚增程度应该远低于营业收入，特别是管理费用，虚增的风险相对较小。

> **拓展阅读**

本项目案例为同济堂调整前财务报表，根据 2021 年 10 月 24 日中国证监会《行政处罚及市场禁入事先告知书》（处罚字〔2021〕90 号），2016 年至 2018 年，同济堂通过同济堂医药有限公司、南京同济堂医药有限公司、新沂同济堂医药有限公司等三家子公司虚构销售及采购业务、虚增销售及管理费用、伪造银行回单等方式，累计虚增收入 207.35 亿元，虚增成本 178.51 亿元，虚增利润总额 24.3 亿元。

其中，2016 年虚增营业收入 64.42 亿元，虚增营业成本 56.05 亿元，虚增费用 1.57 亿元，相应虚增利润总额 6.8 亿元，占当期披露利润总额的 90.43%；2017 年虚增营业收入 72.32 亿元，虚增营业成本 61.36 亿元，虚增费用 1.76 亿元，相应虚增利润总额 9.2 亿元，虚增净利润 7.01 亿元，占当期披露净利润的 120.65%；2018 年虚增营业收入 70.61 亿元，虚增营业成本 61.1 亿元，虚增费用 1.21 亿元，相应虚增利润总额 8.3 亿元，虚增净利润 6.08 亿元，占当期披露净利润的 107.61%。

> **拓展练习**

利用金蝶大数据平台爬取"ST 左江"（股票代码：sz300799）2018—2022 年的利润表，对其报表项目进行趋势分析与比率分析，分析其报表数据是否存在显著异常。

5.2 审计分析模型的构建

【任务背景】

在业财一体化的今天，审计取证不再局限于企业财务系统数据及所涉及的业务单据，而有了更多的来源。从业务出发，对更多可能的勾稽关系进行验证，从而对财务数据源头发生的业务真实性进行审核。例如在对收入发生的真实性进行审计时，审计人员不再局限于核对出库单、发运凭证和销售发票等单据，因为在众多财务舞弊的案例中，这些单据大多会进行系统性造假。那么，审计人员还可以从哪些角度确认收入的真实性呢？

何小蝶正在对大金公司的销售收入进行审计，大金公司是一家商贸企业，位于广西南宁，从事单一产品白糖的批发，并为客户提供送货服务。何小蝶从其财务单据审查中未发现异常，决定从运输环节着手，检查是否能够佐证销售业务的真实性。

【知识准备】

1. 审计技术应用的转变

在过去的审计业务中，多采用周期性抽样方法，且多数为手工操作，实际验证的可能仅审计业务中的一小部分，如图 5-8 所示。

图 5-8　抽样审计

在大数据审计环境下，数据审计及时利用算数法、匹配法、现金流量、相关性、条件分析及假设核实进行数据分析。异常的交易会被分解并进一步分析，带来更深层的理解与专注于风险的审计，从而保障所有数据的准确性与真实性得到测试，如图 5-9 所示。

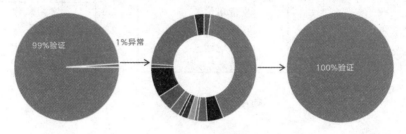

图 5-9　大数据审计

2. 从延伸数据构建分析模型

根据企业的运营模式和可获取的数据，通过业务逻辑分析异常。例如从运输环节着手，可以从以下方面构建分析模型，从而验证收入数据的真实性：

- 运输数量、发运地点是否与销售确认的数量及客户相符；
- 发运的产品重量是否未超出车辆载重规定；
- 车辆运输距离是否在合理范围内；

……

> **拓展阅读**
>
> 山东淄博沂源县利用大数据查获一起重大虚开增值税发票和骗取退税案件。涉案公司以加工农副产品出口创汇为幌子，与境外人员串通勾结，将次果、烂果制品运出国直接倒掉，骗取出口退税。然而，该团伙因用水用电量明显少于同类企业而露出马脚。
>
> 警方初查发现该公司在运营期间，与规模相当的同类企业缴纳的水电费低 50%，用水用电量明显偏少。警方进一步从税务部门调取了其进项、销项发票，分析发票的时候，发现它们有大量的农副产品收购发票作为进项，通过仔细分析，发现 10 家企业、17 家农业合作社开发票的时间地点都高度重合，而且 IP 地址为同一地址。
>
> 上述分析基于企业通常的业务逻辑，确定案例企业业务量对应的水电费预期水平，通过与同类企业对比发现重大差异。在该项分析中，构建的水电费与销售额的比率及与同类企业的对比便可以视作一个简单的分析模型；供应商农副产品的开票时间、地点与 IP 地址的异常检测也可以视作一个分析模型。
>
> 警方根据上述分析进一步查明，本案涉及虚开农产品增值税发票 6000 多份，价税合计 2 亿多元，骗取退税 2000 万元，已有 23 人被抓获。

【数据表结构】

本项目分析涉及 MySQL 数据库中的"销售收入明细表""送货运输数据表""车辆信息""客户信息表",数据表结构如图 5-10 所示。

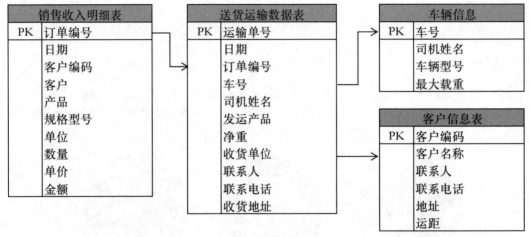

图 5-10 数据表结构

【实训要求】

根据提供的数据表,构建分析模型,利用金蝶轻分析平台分析销售收入明细表中可能存在问题的地方。

【实训指导】

1) 数据建模

根据知识准备中的分析,可以设置以下分析项目以确认运输数据与销售收入的相符性:
- 数量不符项;
- 送货地址不符项;
- 超出车辆最大载重项;
- 车辆运距超出合理范围项。

注:

根据常识,车辆一天的里程在 1000 公里以内可属于合理。

根据上述分析模型采集数据,由于本项目涉及的数据表较多,通过 SQL 语句的方式可以提高取数和计算效率。

2) 数量不符项

登录金蝶云星空后进入"轻分析"模块,新建"审计分析模型的构建"业务主题。单击新建业务主题的"数据建模"模块,通过 SQL 语句新建数据表,可以将其命名为"数量不符项"。输入以下 SQL 语句:

```
select 订单编号,销售数量,发运数量,差额 from
(select a.订单编号,a.数量 as 销售数量,sum(b.净重) as 发运数量,(a.数量 -sum(b.净重)) as 差额
from
销售收入明细表 a,
送货运输数据表 b
```

```
where a.订单编号 = b.订单编号
group by a.订单编号) as t
where t.差额 <> 0
union
(select 订单编号,数量 as 销售数量,0 as 发运数量,数量 as 差额 from 销售收入明细表 where 订单编号
not in (select 订单编号 from 送货运输数据表))
```

完成后保存数据表，进入该业务主题的"数据分析"模块，选择图表类型为"表格"，选择"数量不符项"表中的"订单编号"字段拖入行，选择"销售数量""发运数量""差额"字段拖入数值区域，选择设置菜单中的"合计"选项，选择"显示列总计"选项。完成后获得销售数量与发运数量不一致的项，如图 5-11 所示。

订单编号	销售数量	发运数量	差额
SX20201200010	50	0.00	50.00
SX20201200015	20	0.00	20.00
SX20201200032	50	0.00	50.00
SX20201200050	10	0.00	10.00
SX2020120124	90	60.00	30.00
SX2020120148	50	0.00	50.00
总计	270	60.00	210.00

图 5-11 确认销售数量与运输数量不符的项

图 5-11 的数据表为财务确认的销售数量与发运给客户的数量存在差异，正常情况下，二者应该相符，需要针对不符项进一步调查原因。

3) 送货地址不符项

在"数据建模"模块中继续单击"新建数据表"按钮，通过 SQL 语句新建数据表，可将其命名为"送货地址不符项"，输入以下 SQL 语句：

```
select a.订单编号,a.收货单位,a.净重 as 发运数量,a.收货地址,b.地址 as 客户地址
from
送货运输数据表 as a,
客户信息表 as b
where a.收货单位 = b.客户名称 and a.收货地址 <> b.地址
```

完成后保存数据表，进入该业务主题的"数据分析"模块，选择图表类型为"表格"，选择"送货地址不符项"表中的"订单编号""收货单位""收货地址""客户地址"字段拖入行，选择"发运数量"字段拖入数值区域，如图 5-12 所示。

图 5-12 所示的数据为销售送货的地址与客户预留信息地址不一致的选项，如果存在客户有多个仓库或门店的情况，可能是合理的，需要针对不相符的数据进一步调查原因，确认是否存在虚构送货数据的情况。

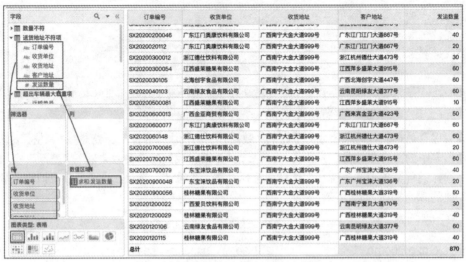

图 5-12　送货地址与客户信息不一致数据

4) 超出车辆最大载重项

在"数据建模"模块中继续单击"新建数据表"按钮,通过 SQL 语句新建数据表,可以将其命名为"超出车辆最大载重项"。输入以下 SQL 语句:

select a.运输单号, a.车号,a.净重 as 实际载重,b.最大载重,(a.净重 −b.最大载重) as 超额运载量
from
送货运输数据表 as a,
车辆信息 as b
where a.车号 = b.车号 and a.净重 > b.最大载重

完成后保存数据表,进入该业务主题的"数据分析"模块,选择图表类型为"表格",选择"超出车辆最大载重项"表中的"运输单号""车号"字段拖入行,选择"实际载重""最大载重""超额运载量"字段拖入数值区域,如图 5-13 所示。

运输单号	车号	实际载重	最大载重	超额运载量
YSD2020070810	桂A16250	60	14	46
YSD2020071001	桂A73088	40	14	26
YSD2020071107	桂B19662	60	6	54
YSD2020071904	桂A70546	20	14	6
YSD2020071905	桂A73088	50	14	36
YSD2020072006	桂A34587	60	14	46
YSD2020072201	桂C74709	20	14	6
YSD2020080207	桂A90823	40	14	26
YSD2020082102	桂D30750	20	14	6
YSD2020082906	桂A87191	30	2	28
YSD2020091701	桂B19662	50	6	44
YSD2020092408	桂A73088	30	14	16
YSD2020092601	桂A64966	40	2	38
YSD2020092608	桂B19662	40	6	34
YSD2020111502	桂A40065	40	14	26
YSD2020112603	桂A70546	30	14	16
YSD2020120105	桂D86694	60	6	54
YSD2020120201	桂A67284	20	6	14
YSD2020121205	桂C54916	20	14	6
总计		1,840	426	1,414

图 5-13　超出车辆最大载重数据

图 5-13 所示的数据为运输数据中单次运输的重量超出车辆最大载重的数据,通常情况下,送货车辆单次载重不应超过该车辆的最大载重,应对上述数据进行进一步审查,确认运输数据是否存在虚构。

(5) 车辆运距超出合理范围项。

在"数据建模"模块中继续单击"新建数据表"按钮,通过 SQL 语句新建数据表,可以将其命名为"车辆运距超出合理范围项",输入以下 SQL 语句:

```
select  日期,车号,日里程  from
(select a.日期, a.车号,sum(b.运距) as  日里程
from
送货运输数据表  as a,
客户信息表  as b
where a.收货单位  = b.客户名称
group by a.日期, a.车号) as t
where t.日里程 > 1000
```

完成后保存数据表,进入该业务主题的"数据分析"模块,选择图表类型为"表格",选择"车辆运距超出合理范围项"表中的"日期""车号"字段拖入行,选择"日里程"字段拖入数值区域,如图 5-14 所示。

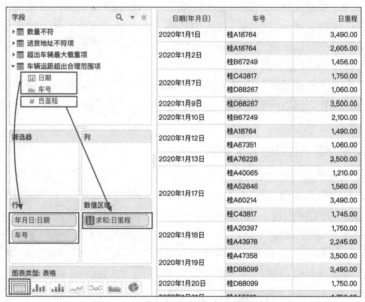

图 5-14　车辆运距超出合理范围数据

图 5-14 的数据为各车辆的每日运输距离超过 1000 公里的数据,基于常识,货车的单日行驶距离超过 1000 公里是不正常的,因此应对上述数据进行进一步调查,确认运输数据是否为配合销售数据造假。

➤ 拓展练习

在企业 ERP 信息系统之外,除了运输数据,还有哪些数据可以用于对销售数据的佐证分析?基于本项目的案例背景,尝试找出其他可能的数据源,并构建分析模型。

5.3 线性回归分析预期值

【案例场景】

何小蝶是广东金利信会计师事务所的审计人员，正在对畅泉啤酒公司 2021 年财务报表进行审计，打算对畅泉啤酒公司的销售收入执行分析程序。根据分析程序的流程，需要确定销售额的期望值，从而确定可接受的差异额，以识别需要进一步调查的差异。由于畅泉啤酒是一个完全本地化的啤酒品牌，有着鲜明的地方消费特色，因此与同行业相比不具备较强的可比性。由于销售价格已知，因此只要对销量进行预测便可计算出销售额，何小蝶整理了影响销量的 4 项主要因素：

- ❑ 销售价格；
- ❑ 销售费用；
- ❑ 疫情指数；
- ❑ 平均气温。

何小蝶不知道应该通过什么方式确定销售额的期望值。

【知识准备】

1. 线性回归分析在审计分析程序中的应用

分析性程序作为一项现代审计取证的主要技术手段，对于确认资料间严重偏离的波动、查找潜在的错报或舞弊等高风险领域非常有效。传统的分析方法包括趋势分析法、比率分析法和合理性测试法，但传统分析方法存在以下两点缺陷：一是传统分析法难以准确估计预期数据值；二是传统分析法难以准确判断严重偏离的波动。

将回归分析法应用于审计能帮助审计人员较为准确地估计预期数据值，减少审计人员主观因素对审计质量的影响。另外，运用回归分析法能科学地判断各指标的波动幅度，量化审计风险，从而提高审计质量。

2. 运用回归分析测算销售额的基本步骤

回归分析是处理变量与变量之间关系的一种数学方法，它侧重于考察变量之间的数量伴随关系，并通过一定的数学表达式将这种关系描述出来，进而确定一个或几个变量(自变量)的变化对另一个特定变量(因变量)的影响程度。相对于传统的分析法，回归分析法的突出优点在于可计量的风险和准确量化预期值，即能够准确地估计预期数据值，还能够准确地判断严重偏离的波动；更重要的是回归分析法并不过多地依赖于审计师的经验，一般审计人员也可以进行准确的分析。

以本项目确定销量预期值为例，其基本步骤如下。

(1) 确定影响公司销量的主要因素。由于以预测为主要目的，因而相关的变量应尽可能地多，不必考虑变量间相关性所引起的共线性问题，例如本案例中可能的因素包括销售价格、销售费用、疫情指数、平均气温。当然，实践中影响的因素可能会更多。

(2) 以上一步骤确定的影响因素为回归元，收集待预测年度之前年度各回归元的数据资料。

(3) 建立回归模型，利用统计分析软件估算模型中的参数。

(4) 将待预测年度的回归元的实际数据代入经估算的回归模型中，得到预测的销量，并比较预测和实际的销售额之间的差异。

(5) 分析差异产生的原因，并根据预先设定的重要性水平，结合审计过程中得到的其他相关信息，判断差异的可接受程度，制定下一步审计测试的重点领域。

【实训要求】

(1) 分析影响销售额的 4 项因素，指出构建线性回归分析模型需要的数据，以及分别可以从哪里获取这些数据。

(2) 根据提供的"历史销售数据表"，通过线性回归分析算法构建模型，并基于"审计期间销售数据表"中的因素预测销量，计算预测的销售额与实际销售额的差异额和差异率。假设审计判断的报表重要性水平为 100 万，判断该差异是否重大。

历史销售数据表

审计期间销售数据表

【实训指导】

(1) 数据和数据来源。

根据案例场景，四项影响因素确定为回归元，需要收集的数据资料及可能的来源有：

① 销售价格和销售费用可以从被审计单位的财务系统中直接获取；

② 疫情指数，可以统计该地区的确诊人数、无症状人数或中高风险地区个数作为疫情的影响指数；

③ 平均气温，可以从气象网站通过爬虫采集当地每日温度数据，并按月进行平均。

(2) 数据分析。

用 Excel 打开提供的"历史销售数据表"，由于"日期"列不是构建线性回归分析模型的影响因素，因此在 Excel 表中将"日期"列删除，并将数据表重命名为"历史销售数据表-清洗数据"，并进行保存。该操作也可以在大数据平台的数据处理模块通过列删除操作。

登录金蝶大数据处理平台，在大数据挖掘选项下选择"线性回归"选项，单击"导入数据"按钮，将保存的"历史销售数据表-清洗数据"上传，上传后单击"模型构建"按钮，模型构建完成后，下方将可视化呈现各因素与销量的关系图，如图 5-15 所示。

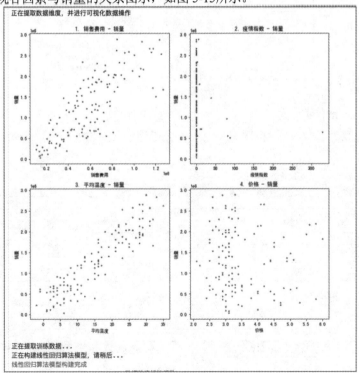

图 5-15　线性回归预测模型

用 Excel 打开提供的第二张表"审计期间销售数据表",同样将"日期"列删除,同时将"销量"列内容清除,仅保留列标题,处理完成后的数据如图 5-16 所示,将其另存并命名为"审计期间销售数据表-清洗"。

	A	B	C	D	E
1	销售费用	疫情指数	平均温度	价格	销量
2	451268	0	5	4.5	
3	657955	0	-2	5	
4	774767	5	3	4.5	
5	542716	79	8	4	
6	319844	165	16	4.5	
7	569658	385	17	4	
8	430789	28	28	3.5	
9	836543	5	30	3	
10	1141581	0	33	3.5	
11	1173860	0	27	3.6	
12	663982	10	10	3.8	
13	545771	89	12	4	

图 5-16 预测数据表处理

回到金蝶大数据处理平台,单击"数据预测"按钮,将处理好的预测数据上传,上传后待运行完成,在页面下方可以看到平台已通过线性回归预测了销量数据,单击"下载表格"按钮,如图 5-17 所示。

预测结果如下:

下载表格	销售费用	疫情指数	平均温度	价格	销量
0	451268	0	5	4.5	5.903614e+05
1	657955	0	-2	5.0	4.306077e+05
2	774767	5	3	4.5	8.146039e+05
3	542716	79	8	4.0	8.220011e+05

图 5-17 预测数据

打开下载的预测销量表和提供的"审计期间销售数据表"原表,进行如图 5-18 所示的简单计算,可得被审计单位入账的销售额与预测销售额之间的差额为 15 169 575.55 元,占入账销售额的 20%,金额巨大。

	A	B	C	D	E	F	G	H	I	J
1	日期	销售费用	疫情指数	平均温度	价格	预测销量	预测销售额(F 预测销量×价格)	入账销量	入账销售额	差额(入账销售额-预测销售额)
2	2021/1/1	451268	0	5	4.5	590,361.40	2,656,626.30	608,072.00	2,736,324.00	79,697.70
3	2021/2/1	657955	0	-2	5	430,607.70	2,153,038.50	421,996.00	2,109,980.00	-43,058.50
4	2021/3/1	774767	5	3	4.5	814,603.90	3,665,717.55	798,312.00	3,592,404.00	-73,313.55
5	2021/4/1	542716	79	8	4	822,001.10	3,288,004.40	813,781.00	3,255,124.00	-32,880.40
6	2021/5/1	319844	165	16	4.5	971,601.00	4,372,204.50	981,317.00	4,415,926.50	43,722.00
7	2021/6/1	569658	385	17	4	1,216,480.00	4,865,920.00	1,218,510.00	4,874,040.00	8,120.00
8	2021/7/1	430789	28	28	3.5	1,764,543.00	6,175,900.50	2,876,259.00	10,066,906.50	3,891,006.00
9	2021/8/1	836543	5	30	3	2,296,539.00	6,889,617.00	6,061,908.00	18,185,724.00	11,296,107.00
10	2021/9/1	1141581	0	33	3.5	2,753,972.00	9,638,902.00	2,698,893.00	9,446,125.50	-192,776.50
11	2021/10/1	1173860	0	27	3.6	2,475,637.00	8,912,293.20	2,476,358.00	8,914,888.80	2,595.60
12	2021/11/1	663982	10	10	3.8	1,073,892.00	4,080,789.60	1,069,871.00	4,065,509.80	-15,279.80
13	2021/12/1	545771	89	12	4	1,028,177.00	4,112,708.00	1,079,586.00	4,318,344.00	205,636.00
14	合计					16,238,415.10	60,811,721.55	21,104,863.00	75,981,297.10	15,169,575.55

图 5-18 差异分析

> **拓展练习**
>
> 对于一家冰淇淋生产企业，有哪些因素会影响其销售额？如果要构建其销售额预测的线性回归模型，应该如何量化其影响因素并获取数据。

5.4 K-means 孤立点分析

【案例场景】

郑小花是广东金利信会计师事务所的审计人员，正在对和美制药的财务报表进行审计。面对大量的销售数据需要进行实质性程序，如果全部执行细节测试，根本不可能完成。如果采用抽样的方式，可能抽取的样本量过小，代表性较差，郑小花有些不知该如何着手。

审计经理告诉小花："你可以先执行分析程序，先将异常数据找出来，只对这些异常数据进行细节测试，效率岂不是高很多！"

郑小花觉得很有道理，当她兴冲冲地想要执行分析程序时，发现自己以前从未有同行业或类似企业的从业及审计工作经验，难以确定分析程序的预期值，于是郑小花再次陷入迷茫。

【知识准备】

审计人员常常面临对被审计单位的相关业务不太了解的情况，此时，采用抽样的方法从海量的数据中抽取一定数量的样本进行分析，不仅耗时耗力，可能还提取不到有价值的审计疑点。而随着大数据技术的不断发展，现在可以利用 K-means 聚类算法进行孤立点分析，通过对企业大量的销售数据进行挖掘分析，快速找出审计疑点。

1. 孤立点是什么

孤立点(outlier)是指不符合数据的一般模型的数据。通俗来讲，孤立点也可以指在数据集合中与大多数数据的特征或不一致的数据。当人们发现这些数据可以为某类应用，如信用欺诈、入侵检测等提供有用信息时，就为数据挖掘提供了一个新的研究课题，即孤立点分析。

2. 孤立点分析方法

传统的孤立点挖掘算法主要包括 4 类算法：基于统计的方法，基于距离的方法，基于密度的方法，基于偏离的方法和基于聚类的挖掘算法。本次实验主要运用基于聚类的挖掘算法进行孤立点分析。

基于聚类方法的基本思想是将孤立点挖掘的过程转换成聚类的过程。首先将数据集利用已经成熟的模型进行聚类分析，使数据集形成簇，而那些不在簇中的样本点即被视为异常点进行再处理。

3. 孤立点分析在审计中的应用流程

孤立点分析方法在审计中运用的一般流程如下：
- ❑ 识别出被审计单位财务数据或经营业务可能存在异常，数据或业务具有聚类性，可采用孤立点进行分析；
- ❑ 提出挖掘模型，并对模型所产生的挖掘结果进行分析。

【实训要求】

利用金蝶大数据平台的处理功能和孤立点分析功能，对提供的数据表"销售订单明细表"进行数据处理及孤立点分析，找出偏离值较大的孤立点数据，并分析其存在的异常。

销售订单明细表

【实训指导】

数据表中"客户""销售日期""产品"字段需要经过处理后才可以进行分析。登录金蝶大数据处理平台,在 Python 数据处理模块上传提供的数据表"销售订单明细表",如图 5-19 所示。

图 5-19 Python 数据处理

在代码区编写 Python 处理代码:

```
_kd_process_result = _kd_process_result.loc[:, ['销售日期', '客户', '产品', '销量', '价格', '金额']]
# 客户
shop_numbers = list(_kd_process_result['客户'].unique())
_kd_process_result['客户'] = _kd_process_result['客户'].apply(lambda x: shop_numbers.index(x))


# 销售日期
min_time = _kd_process_result['销售日期'].min()
_kd_process_result['销售日期'] = _kd_process_result['销售日期'].apply(lambda x: (x-min_time).days)


# 产品
product_numbers = list(_kd_process_result['产品'].unique())
_kd_process_result['产品'] = _kd_process_result['产品'].apply(lambda x: product_numbers.index(x))
```

单击"运行"按钮,待运行完成后,单击右侧"数据结果"按钮,下载处理好的数据表,如图 5-20 所示。

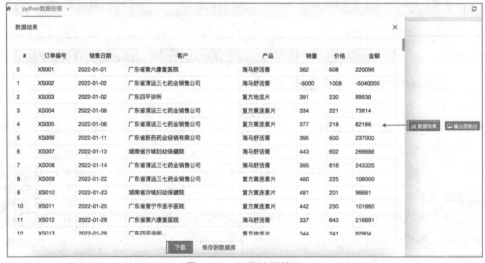

图 5-20 下载处理数据

单击"大数据挖掘"区域的"应用场景"下拉按钮,选择"孤立点分析"选项。在该页面单击"导入数据"按钮,将上一步处理好的数据导入,导入完成后单击"模型构建"按钮,经过 K-means 孤立点分析,显示两项数据异常,其序号分别为 1 和 113,如图 5-21 所示。

图 5-21　孤立点分析

找到上述异常序号(序号从 0 开始),可以发现序号为 1 的数据项销量为负,且价格较高;序号为 113 的数据项价格过高,如图 5-22 所示。两项异常数据应做进一步调查。

	A	B	C	D	E	F	G	H
1	序号	订单编	销售日期	客户	产品	销量	价格	金额
3	1	XS002	2022/1/2	广东省清…	海马舒活膏	-5000	1008	-5040000
115	113	XS114	2022/7/19	仁心医院	海马舒活膏	330	3250	1072500

图 5-22　孤立点

> **拓展练习**
> 利用金蝶大数据平台的处理功能和孤立点分析功能,对提供的数据表"采购订单明细表"进行数据处理及孤立点分析,找出偏离值较大的孤立点数据,并分析其存在的异常。

操作视频

采购订单明细表

5.5　词云分析被审计单位及其环境

【案例场景】

面对一大箱文件资料,唐小欢正在发愁……

唐小欢负责秋舍公司 2021 年财务报表的审计,正在对该公司的内外部环境进行了解。在秋舍公司提交的审计资料中,相关的会议纪要、情况介绍、各种分析报告整整几十本,想要挑选,仅从标题很难识别哪些文件是与审计相关的重要资料,但不阅读又怕漏掉重要的审计线索。唐小欢不知道该不该逐一阅读这些文件资料,有没有办法能很快地知道文档的关键要点?

【知识准备】

在审计过程中,审计人员通常需要阅读大量的行业政策、企业经营管理等资料。企业的内部文件资料往往隐藏着管理层的经营战略、各种见解及一些与财务数据相矛盾的真实信息等重要审计线索。但是,这些文件往往信息量庞大,其中可能包含很多审计人员不需要关注的内容。

大数据文本分析技术在审计领域具备广阔的应用前景。文本分析技术中的"词云"是数据可视化的一种形式,通过形成"关键词云层"或"关键词渲染",对文本中出现频率较高的"关键词"予以视觉上的突出。词云图过滤掉大量低质量、低频率的文本信息,使浏览者只需一眼扫过,就能获取文本中包含的关键信息或领略文本的主旨。实现词云分析的主要步骤包括:分词,统计词频,根据词频自动设置颜色深浅、字体大小并进行可视化展示。

【实训要求】

在提供的数据中,"公司基本情况介绍"是秋舍公司根据审计资料要求整理给审计人员的资料,而"2021年经营会议纪要"是唐小欢在档案记录中找出的,分别对两份文档进行词云分析,根据分析结果简要总结两份文档的关键要点,并指出两份文档是否可能存在矛盾之处。

公司基本情况介绍

2021年经营会议纪要

【实训指导】

登录金蝶大数据处理平台,在"大数据挖掘"区域中的"应用场景"下拉列表中选择"词云分析"选项,导入本任务提供的"公司基本情况介绍",导入后单击"绘制词云"按钮,如图 5-23 所示。

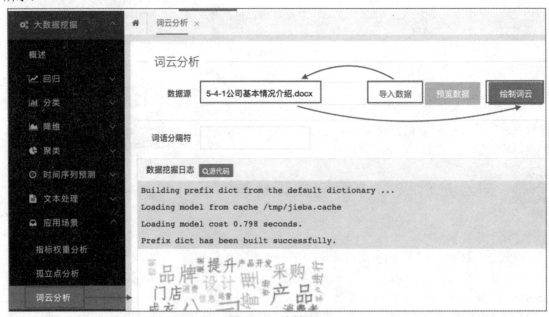

图 5-23 绘制词云

可以在下方得到"公司基本情况介绍"的词云分析,结果如图 5-24所示,涉及销售、产品、供应商、质量等管理领域,关键词汇包括提升、质量、增长、有效、控制等,涉及较多行动措施,整体较为积极。

同上操作步骤导入"2021年经营会议纪要"进行词云分析,结果如图 5-25 所示,关键词汇包括债务、问题、资金、诉讼、下降、减少等,整体较为消极,可能暴露公司较多问题,也更具有发掘审计线索的价值。

图 5-24 "公司基本情况介绍"词云分析

图 5-25 "2021 年经营会议纪要"词云分析

▶ **拓展练习**

对于上市公司或者涉及公众关注的企业，审计人员可以利用词云分析来监测舆情。找一项企业的热点事件，从互联网采集社交媒体评论等信息，利用金蝶大数据平台进行词云分析，总结公众对企业的关注点、热点问题或舆论动向。

5.6 社会网络分析识别招标风险

【案例场景】

广东和美制药有限公司内部审计机构正在开展采购管理专项审计，丛小飞负责招标情况的审计工作，审计经理特意交代小飞多注意检查是否存在供应商"围标"或"串标"的情况。丛小飞先收集了招标的各项信息，包括招标项目的投标公司名称、联系人姓名、联系电话、银行账号、联系邮箱。针对众多招标项目，丛小飞苦苦思索，可以从哪里查找供应商"围标"或"串标"的线索，又该如何进行查找。

投标单位信息

【知识准备】

1. "围标"和"串标"

《中华人民共和国招标投标法》第三十二条规定，"投标人不得相互串通投标报价，不得排挤其他投标人的公平竞争，损害招标人或者其他投标人的合法权益。""围标"是指投标人之间的串通，或通过某种私下约定，共同针对招标人采取的一种博弈策略和手段。"串标"是招标人与投标人之间串通，操纵招标过程、谋定招标结果的行为。

通过分析内外部公开的案例发现，参加围标的公司之间，总会在一些关键信息上存在交集，往往构成一个隐蔽的网络。如果将参加投标的公司、公司相关的联系人、银行账号等作为节点，可以使用社交网络分析方法查找其中的隐秘关联。

2. 社交网络分析概述

社交网络分析也译为社会网络分析，是指对人、组织、计算机或者其他信息或知识处理实体之间的关系和流动信息的映射和测量。一个社交网络由很多节点(node)和连接这些节点的一种或多种特定的链接(link，也称为边，英文为 edge)所组成。节点往往表示个人或团体，链接则表示他们之间存在的各种关系(relation)，如股权关系、高管交叉任职关系、朋友关系、亲属关系、贸易关系、资金关系等。

3. 招投标社交网络分析流程

在招标社交网络分析中，基本分析流程如图 5-26 所示。

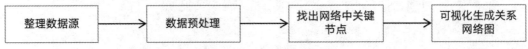

图 5-26　招投标社交网络分析流程

(1) 整理数据源。数据的整理来源包括内部数据和外部数据。
- 内部数据包括投标人相关信息，如公司名称、联系人姓名、银行账号、联系电话等，以及其他内部信息，如供应商库、财务系统中的付款对象信息等。
- 外部数据是指参与投标的公司可以通过外部信息查询公司的股东、高管、联系电话、电子投标系统的网络访问信息，如网卡的 MAC 地址、IP 地址、操作员信息等。

(2) 数据预处理。由于社交网络分析处理的是一对对节点之间的关系，而在投标人信息数据中，同一个投标人有多个信息点，需要分别提取，最终形成每对节点"投标公司名称-公司信息点"一一对应的唯一数据集合，将数据处理为三个字段"投标公司名称""信息点""关系描述"的对照表。

(3) 找出网络中关键节点。在社交网络中，可以用 PageRank 值来刻画节点在网络中的重要性程度，帮助寻找重要性节点，即中心节点。Networkx 自带了 PageRank 算法模块，可以使用该模块列出可疑围标网络中的关键信息控制点，也就是重点关注的疑点。

(4) 可视化生成关系网络图。networkx 自带 draw 函数，可以画出关系图，也可以考虑通过第三方工具进行展现，如 i2、Graphviz 等。

【实训要求】

根据丛小飞收集的和美制药其中一个招标项目的投标单位信息，利用金蝶大数据审计实训平台中的社会网络分析功能，分析该招标项目存在的风险。

【实验步骤】

提供的数据表需要经过处理后才可以进行挖掘分析。登录金蝶大数据处理平台，在"大数据处理"选项下选择"Python 数据处理"选项，单击"上传文件"按钮，上传提供的"投标单位信息"，在代码区编写 Python 代码：

```
# 新建一个空白的数据框 用于存放关系数据集合
dfdetail    = pd.DataFrame(columns=['投标公司名称', '信息点', '关系描述'])
# 分别从源数据中读取"投标公司名称-公司信息点" 形成关系数据对
# 追加到结果数据集 dfdetail 中
curdf = _kd_process_result.loc[:, ['投标公司名称', '联系人姓名']]
curdf['关系描述'] = '联系人姓名'
curdf.columns = dfdetail.columns
dfdetail = dfdetail.append(curdf, ignore_index=True)


curdf = _kd_process_result.loc[:, ['投标公司名称', '联系电话']]
curdf['关系描述'] = '联系电话'
curdf.columns = dfdetail.columns
dfdetail = dfdetail.append(curdf, ignore_index=True)


curdf = _kd_process_result.loc[:, ['投标公司名称', '银行账号']]
```

```
curdf['关系描述'] = '银行账号'
curdf.columns = dfdetail.columns
dfdetail = dfdetail.append(curdf,ignore_index=True)


curdf = _kd_process_result.loc[:, ['投标公司名称', '联系邮箱']]
curdf['关系描述'] = '联系邮箱'
curdf.columns = dfdetail.columns
dfdetail = dfdetail.append(curdf,ignore_index=True)


_kd_process_result = dfdetail
```

运行上述代码，运行完成后单击右侧的"数据结果"按钮，下载处理完的数据表，如图 5-27 所示。

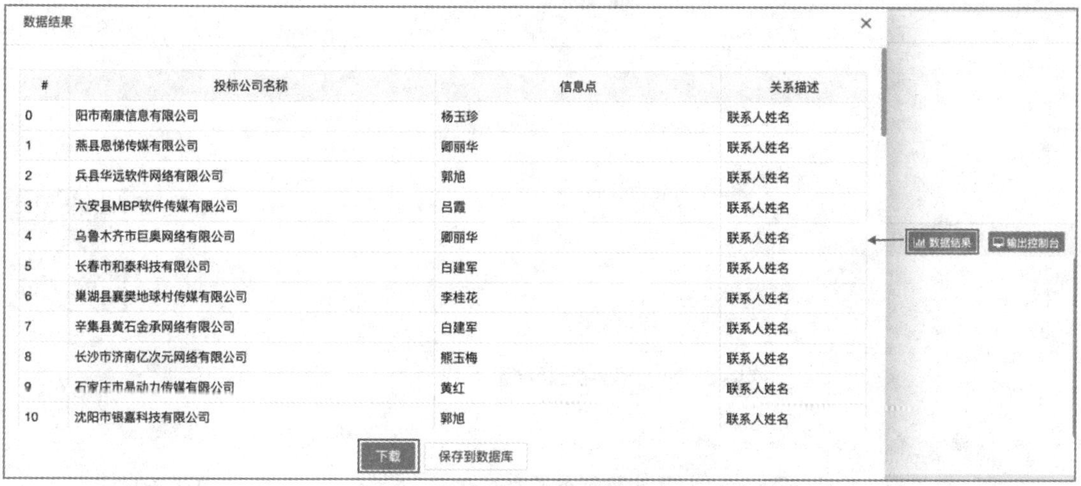

图 5-27 招标信息数据处理

在"大数据挖掘"区域中的"应用场景"下拉列表中选择"社会网络分析"选项，在该页面单击"导入数据"按钮，导入上一步骤下载的数据表，然后单击"模型构建"按钮，如图 5-28 所示。

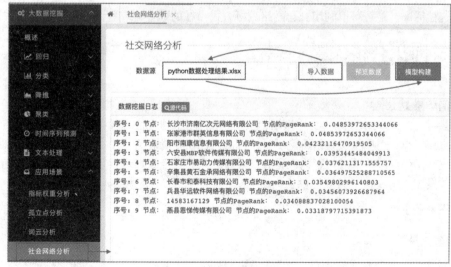

图 5-28 模型构建

模型构建完成后,可以得到社会网络分析的结果如图 5-29 所示,各投标单位中仅有两家单位是完全独立的,其他单位都存在相关信息的交叉,存在较大的围标或串标风险。

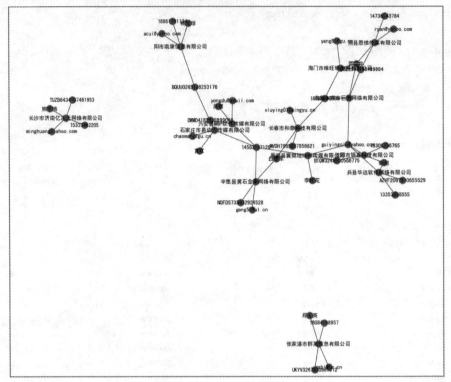

图 5-29　可视化分析结果

操作视频

➤ 拓展练习

在采购业务中,由于采购金额大且涉及复杂的利益关系,除了招标单位之间存在互相串通的可能性,也有公司的采购人员与供应商勾结进行职业舞弊的情况。例如在招标过程中,采购人员提前将招标信息透露给特定供应商,使这些供应商能在竞标中获得优势;或者表面上进行了公开招标,但实际上已经内定了中标方,其他投标方只是陪标角色。

针对这种情况,是否可以利用社会网络分析查找潜在的职业舞弊行为,需要搜集哪些数据?

5.7　可视化分析内幕交易

【案例场景】

随着我国资本市场的发展,对于市场监管的要求也越来越严格。股票内幕交易成为目前审计领域的一项重点工作。但由于实施内幕交易时,行为人往往尽量避免使用自身、亲属或其他可查证的资金账户进行操作,因此通过对行为人自身或其可关联的资金账户进行审查时往往难有所获。而大数据技术的发展为解决这一问题提供了机遇。

【知识准备】

1. 内幕交易

内幕交易是指内幕人员和以不正当手段获取内幕信息的其他人员违反法律、法规的规定,泄露内幕信息，根据内幕信息买卖证券或者向他人提出买卖证券建议的行为。内幕交易行为人为达到获利或避损的目的，利用其特殊地位或机会获取内幕信息进行证券交易，违反了证券市场“公开、公平、公正”的原则，侵犯了投资公众的平等知情权和财产权益。

2. 内幕交易的数据特点

内幕交易的交易数据通常呈现获利大、交易标的单一等特征。

【数据表结构】

本项目分析涉及 MySQL 数据库中的“资金账户获利数据”，数据表结构如图 5-30 所示。

资金账户获利数据	
PK	交易流水号
	资金账户 标的代码 标的名称 获利金额

图 5-30 数据表结构

【实训要求】

根据提供的数据表“资金账户获利数据”和内幕交易的两个主要特点，设计合适的图形分析，找出内幕交易嫌疑最大的资金账户。

注：

交易数据已经脱敏处理。

【实训指导】

根据内幕交易的主要特点，需要同时呈现出每个资金账户的获利金额和交易标的个数，可以通过组合图或热力图进行可视化分析。

(1) 数据建模。

登录金蝶云星空后进入“轻分析”模块，新建业务主题，命名为“内幕交易审计”，在“数据建模”模块中选择“资金账户获利数据”并保存，如图 5-31 所示。

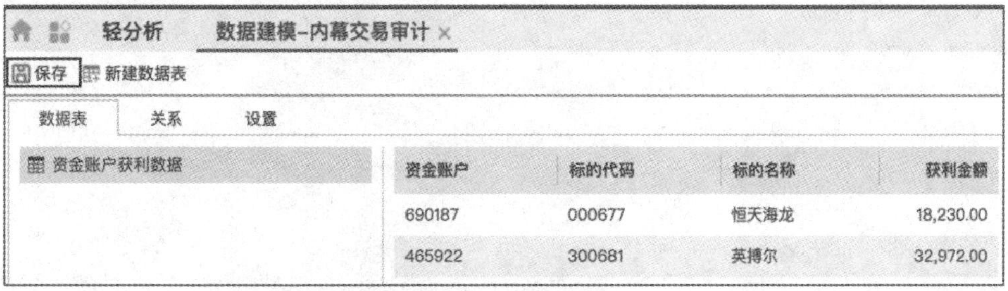
轻分析
数据建模-内幕交易审计
保存
新建数据表
数据表
关系
设置
资金账户获利数据
资金账户
标的代码
标的名称
获利金额
690187
000677
恒天海龙
18,230.00
465922
300681
英搏尔
32,972.00

图 5-31 数据建模

(2) 绘制组合图。

返回“轻分析”界面，进入“数据斗方”模块，在“资金账户获利数据”创建计算字段，命名为“投资标的计数”，编辑表达式如下：

```
countd([资金账户获利数据.标的代码])
```

选择图表类型为组合图，选择“资金账户”字段拖入横轴，选择“获利金额”拖入左轴，选择

"投资标的计数"拖入右轴,在右侧图形编辑框中编辑数字格式,设置数量单位为"万",增加后缀为"万"。绘制组合图如图 5-32 所示,可以直观地看出获利金额大且投资标的数量少的典型资金账户为 613600。

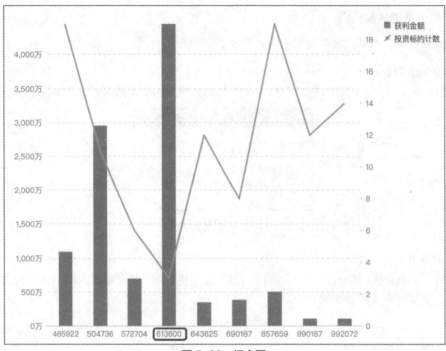

图 5-32　组合图

↗ 拓展练习

基于本项目的要求,绘制热力图,找出异常的资金账户。

第 6 章 初步业务活动

↗ **学习目标**
1. 理解业务承接的前提条件、应考虑的因素
2. 理解独立性评价的主要要点

↗ **学习导图**

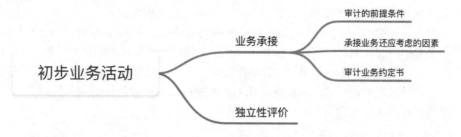

6.1 业务承接

【案例场景】

何小蝶是金利信的合伙人,由事务所委派负责与和美制药接洽,商谈 2021 年的财务报表审计业务事项。和美制药此前未与金利信有过业务往来,何小蝶受命对该公司进行初步了解和评价。何小蝶对和美制药的总经理王仁和、财务总监赵华美进行了访谈,形成访谈录音文件。

何小蝶访谈王仁和录音　　　　　　何小蝶访谈赵华美录音

由于是首次接受委托,何小蝶与前任注册会计师进行了书面沟通,并形成审计问卷。

通过评估事务所的人力资源情况,确认事务所具备相关的资源和能力,何小蝶代表事务所签订了审计业务约定书,并获取了管理层声明书。

与前任注册会计师沟通形成的审计问卷　　　管理层声明书　　　审计业务约定书

【知识准备】

1. 审计的前提条件

(1) 确定财务报表的编制基础是可接受的。财务报表的编制标准应适当并能够为预期使用者获取。在规范通用目的财务报表编制的法律法规中,财务报告准则主要有:国际会计准则理事会发布的国际财务报告准则、国际公共部门会计准则理事会发布的国际公共部门会计准则和某一国家或地区经授权或获得认可的准则制定机构,在遵循一套既定和透明程序(包括认真研究和仔细考虑广大利益相关者的观点)的基础上发布的会计准则。这些财务报告准则通常被界定为适用的财务报告编制基础。

(2) 就管理层的责任达成一致意见。由于独立审计的理念要求注册会计师不对财务报表的编制或被审计单位的相关内部控制承担责任,并要求注册会计师合理预期能够获取审计所需要的信息(在管理层能够提供或获取的信息范围内,包括从总账和明细账之外的其他途径获取的信息),因此,管理层认可并理解其责任,这一前提对执行独立审计工作是至关重要的。

管理层的责任包括:按照适用的财务报告编制基础编制财务报表,并使其实现公允反映;设计、执行和维护必要的内部控制,以使财务报表不存在由于舞弊或错误导致的重大错报;向审计师提供必要的工作条件,包括允许审计师接触与编制财务报表相关的所有信息和其他所需要的信息,允许审计师在获取审计证据时不受限制地接触其认为必要的内部人员和其他相关人员。

管理层的责任确认应当以书面声明的形式提供。

2. 承接业务还应考虑的因素

(1) 确认事务所及审计团队具备执行业务所需的时间、资源和专业胜任能力。
(2) 确认不存在由管理层诚信问题导致的可能影响事务所保持该项业务意愿的事项。
(3) 确认与被审计单位之间不存在对业务约定条款的误解。

3. 审计业务约定书

审计业务约定书是指会计师事务所与被审计单位签订的,用以记录和确认审计业务的委托与受托关系、审计目标和范围、双方的责任及报告的格式等事项的书面协议。会计师事务所承接任何审计业务,都应当与被审计单位签订审计业务约定书。以财务报表审计为例,审计业务约定书应当包括以下内容。

(1) 财务报表审计的目标与范围。
(2) 注册会计师的责任。
(3) 管理层的责任。
(4) 指出编制财务报表所适用的财务报告编制基础。
(5) 提及注册会计师拟出具的审计报告的预期形式和内容,以及对在特定情况下出具的审计报告可能不同于预期形式和内容的说明。

【实训要求】

(1) 根据案例场景及相关资料,初步评估可能存在的风险。
(2) 审查签订的审计业务约定书,指出存在问题的条款。
(3) 根据提供的底稿模板,补充完成业务承接评价表底稿的编制,并给出是否接受委托的建议。

业务承接评价表
(底稿模板)

【实训指导】

(1) 可能影响接受委托的风险事项包括:

- ☐ 管理层提及的变更事务所的原因与前任注册会计师回复不一致；
- ☐ 管理层频繁更换；
- ☐ 前任注册会计师回复审计范围不受限；
- ☐ 前任注册会计师回复商业信誉一般。

(2) 审计业务约定书中存在问题的条款有以下几项。

- ☐ 第三条第 3 点提到的"乙方了解与审计相关的内部控制，以设计恰当的审计程序，合理保证与财务报表编制相关的内部控制的有效性"是不恰当的，设计、执行和维护必要的内部控制，以使财务报表不存在由于舞弊或错误导致的重大错报是管理层的责任。
- ☐ 第三条第 4 点提到的"合理保证后附的财务报表按照企业会计准则的规定编制并公允列报"，按照适用的财务报告编制基础编制财务报表，并使其实现公允反映是管理层的责任。
- ☐ 第三条第 11 点提到的"按照约定时间完成审计工作，出具标准无保留意见的审计报告"，不得在约定书中明确审计报告的意见类型。

(3) 业务承接评价底稿。业务承接评价底稿基于访谈、检查等审计程序的结果进行填制，部分底稿内容如图 6-1 所示。根据前述分析，管理层并未完全理解其责任，接受审计的前提条件不具备，且存在管理层的诚信问题。在未充分解决上述问题的前提下，事务所不应接受该审计委托。

业务承接评价表

会计师事务所	广东金利信会计师事务所有限公司	编制	何小蝶	日期	2022.1.5	索引号 9-2
被审计单位	广东和美制药有限公司	复核	任青	日期	2022.1.5	
审查项目	业务承接评价表	会计期间	2021.1.1-2021.12.31			

主营业务：中药材的生产与销售
10. 前任注册会计师(机构、经办人、联系方式)，变更会计师事务所的原因，以及最近三年变更会计师事务所的频率：
广东正禾会计师事务所
经办人：王正禾；联系方式：020-58******
变更原因：实际控制人提议
最近三年仅变更一次
11. 确定审计的前提条件是否存在：
管理层在编制财务报表时采用的财务报告编制基础是否是可接受的
是
就管理层认可并理解其责任与管理层达成一致意见
否
12. 根据本所目前的情况，考虑下列事项：
项目组的时间和资源
根据本所目前的人力资源情况，具有必要素质和专业胜任能力的人员组建项目组，能够在提交报告的最后期限内完成业务
项目组的专业胜任能力
项目组关键人员熟悉医药行业，具有执行类似业务的经验，在需要时，能够得到专家的帮助，并具备符合标准和资格要求的项目质量控制复核人员

图6-1 部分底稿内容

业务承接评价表(底稿参考)

➤ 拓展练习

在上述审计底稿中,还可以增加哪些项目内容,从而全面评价是否应接受委托?

6.2 独立性评价

【案例场景】

广东和美制药有限公司(以下简称和美制药)首次委托广东金利信会计师事务所(以下简称金利信)对其 2021 年的财务报表进行审计。经沟通,事务所初步确定审计项目成员如下:

- ❑ 项目负责人为何小蝶;
- ❑ 项目组成员为郑小花、王小越、关小鱼。

项目负责人代表项目组签订了独立性声明,项目组成员均完成了独立性问卷并经过整理形成了底稿。

项目组独立性检查问卷　　　　独立性评价声明

【知识准备】

独立性是审计业务的前提,会计师事务所及审计师在执行审计业务时应当保持独立性。独立性包括实质上的独立性和形式上的独立性,独立性评价主要包括以下方面。

(1) 自身利益。具体主要考虑是否存在以下情况。
- ❑ 在客户中拥有直接经济利益;
- ❑ 本所的收入过分依赖某一客户;
- ❑ 与客户存在重要且密切的商业关系;
- ❑ 过分担心可能失去某一重要客户;
- ❑ 某项目组成员正在与客户协商受雇于该客户;
- ❑ 与客户达成或有收费的协议;
- ❑ 在评价本所以往提供的专业服务时,发现了重大错误。

(2) 自我评价。具体主要考虑是否存在以下情况。
- ❑ 为客户编制原始数据,而这些数据构成审计对象;
- ❑ 项目组成员担任或最近曾经担任客户的董事或高级管理人员;
- ❑ 项目组成员目前或最近曾受雇于客户,并且所处职位能够对财务状况、经营成果或现金流量施加重大影响;

- ❑ 为客户提供直接影响财务状况、经营成果或现金流量的其他服务。

(3) 过度推介。具体主要考虑是否存在以下情况。
- ❑ 是否曾推介客户的股份；
- ❑ 是否曾担任客户的辩护人。

(4) 密切关系。具体主要考虑是否存在以下情况。
- ❑ 项目组成员的近亲属担任客户的董事或高级管理人员；
- ❑ 项目组成员的近亲属是客户的员工，其所处职位能够对财务状况、经营成果或现金流量施加重大影响；
- ❑ 客户的董事、高级管理人员或所处职位能够对财务状况、经营成果或现金流量施加重大影响的员工，最近曾担任本所的项目合伙人；
- ❑ 接受客户的礼品或款待；
- ❑ 本所的合伙人或高级员工与客户存在长期业务关系。

(5) 外在压力。具体主要考虑是否存在以下情况。
- ❑ 受到客户解除业务关系或起诉的威胁；
- ❑ 客户表示如果本所不同意对某项交易的会计处理，则不再委托其承办拟议中的非鉴证业务；
- ❑ 由于客户对所讨论的事项更具有专长而面临服从其判断的压力；
- ❑ 受到降低收费的影响而不恰当地缩小工作范围。

【实训要求】
(1) 根据案例场景和审计底稿判断该项目存在哪些违反独立性原则的事项。
(2) 针对违反独立性的事项，会计师事务所可以如何应对？
(3) 关于独立性声明的底稿是否存在缺陷。
(4) 根据提供的底稿模板编制独立性评价底稿。

独立性评价表
（底稿模板）

【实训指导】
(1) 违反独立性原则的事项有或将有：
- ❑ 王小越的妻子持有被审计单位 0.1%的股份，属于在审计客户中拥有直接经济利益；
- ❑ 关小鱼的丈夫自 2019 年至今在被审计单位担任执行董事；
- ❑ 郑小花曾担任被审计单位财务总监，且与被审报表的期间存在重叠；
- ❑ 审计团队成员如果接受审计客户 1000 元购物卡，将产生非常严重的不利影响。

(2) 针对违反独立性原则的事项，事务所或审计项目团队应对的措施如下：
- ❑ 王小越的妻子在项目组开始审计工作前处理掉其持有的和美制药全部股权；或将王小越调离审计项目组；
- ❑ 将关小鱼调离审计项目组，由其他具备独立性的审计人员替换；
- ❑ 审计团队成员不得接受被审计单位礼品。

(3) 项目组所有成员应该签订独立性声明，案例中仅由项目负责人何小蝶代表项目组签订独立性声明是不合适的。

(4) 审计底稿

根据上述分析，基于底稿模板编制参考的独立性评价底稿如图 6-2 所示。

独立性评价表

所属事务所:	广东金利信会计师事务所							
被审计单位:	广东和美制药有限公司			编制:	郑小花	日期: 2021/12/25	索引号:	9-1-4
审查项目:	独立性评价	会计期间:	2021.1.1-2021.12.31	复核:	何小蝶	日期: 2021/12/25		

序号	项目	标准	结果	事项或理由	预防措施
1	是否存在因经济利益影响独立性的情况？	是/否	是	王小越的妻子持有被审计单位1000股股票，属于在审计客户中拥有直接经济利益	王小越的妻子在项目组开始审计工作前处理掉其持有的和美制药全部股权，或将王小越调离审计项目组
2	是否存在因贷款和担保以及商业关系、家庭和私人关系影响独立性的情况？	是/否	是	关小鱼的丈夫2019年至今在被审计单位担任执行董事	将关小鱼调离审计项目组，由其他具备独立性的审计人员替换
3	是否存在因与审计客户发生人员交流影响独立性的情况？	是/否	是	郑小花曾担任被审计单位财务总监，且与被审报表的期间存在重叠	将何小蝶调离审计项目组，由其他具备独立性的审计人员替换
4	是否存在因与审计客户长期存在业务关系影响独立性的情况？	是/否	否	事务所首次接受该客户委托，不存在长期业务关系	
5	是否存在为审计客户提供非鉴证服务而影响独立性的情况？	是/否	否	向被审计单位提供的会计准则转换及实施由第三方开发的财务信息报告软件不对独立性产生不利影响	
6	是否存在因收费而影响独立性的情况？	是/否	否	本次审计收费（200万元）占事务所全年营收（8000万元）的2.5%，比重较小	
7	是否存在其他影响独立性的情况？	是/否	是	审计团队成员如果接受审计客户1000元购物卡，将产生非常严重的不利影响	审计团队成员不得接受被审计单位礼品
	独立性评价	具备独立性/不具备独立性		实施预防措施后方具备独立性	

图6-2 独立性评价表

拓展练习

根据协议，广东金利信会计师事务所就广东和美制药的年度财务报表审计项目收取审计费用50万元，金利信年收入额为8000万元。根据提供的"非审计服务项目统计表"，判断广东金利信会计师事务所该审计项目是否符合独立性要求。

非审计服务项目统计表

第 7 章 风险评估

学习目标

1. 理解被审计单位及其环境的主要审计程序
2. 掌握在整体层面和业务流程层面了解和评价内部控制的方法
3. 理解重要性的概念及确定重要性水平的方法
4. 理解评估重大错报风险的方法

学习导图

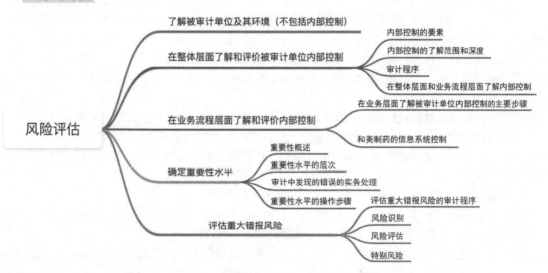

7.1 了解被审计单位及其环境(不包括内部控制)

【案例场景】

何小蝶带领审计团队负责了解被审计单位广东和美制药有限公司及其环境(不包括内部控制),初步识别财务报表重大错报风险。何小蝶要求审计团队对被审计单位的关键人员执行询问程序,检查获取的审计资料,并根据获取的信息填写审计底稿,记录识别的重大错报风险。

被审计单位股权构架图

被审计单位组织结构图

和美制药高级管理人员绩效考核管理办法

【知识准备】

(1) 风险评估程序。风险评估的主要审计程序包括：
- 询问被审计单位管理层和其他内部人员；
- 分析程序；
- 观察和检查；
- 在了解被审计单位及其环境(不包括内部控制)时，主要采用询问、观察和检查的程序。

(2) 询问程序。询问被审计单位管理层和内部其他人员是审计师了解被审计单位及其环境的一个重要信息来源。

通过询问获取的大部分信息来源于管理层和负责财务报告的人员，例如以下几种。

① 管理层所关注的主要问题。如新的竞争对手、主要客户和供应商的流失、新的税收法规的实施及经营目标或战略的变化等；

② 被审计单位最近的财务状况、经营成果和现金流量；

③ 可能影响财务报告的交易和事项，或者目前发生的重大会计处理问题，如重大的购并事宜等；

④ 被审计单位发生的其他重要变化。如所有权结构、组织结构的变化，以及内部控制的变化等。

通过询问被审计单位内部其他不同层次的人员获取信息，或为识别重大错报风险提供不同的视角。例如：

① 直接询问治理层，可能有助于了解编制财务报表的环境；

② 询问参与生成、处理或记录复杂或异常交易的员工，可能有助于评价被审计单位选择和运用某项会计政策的恰当性；

③ 询问内部法律顾问，可能有助于了解诸如诉讼、遵守法律法规的情况、影响被审计单位的舞弊事件或舞弊嫌疑、产品保证、售后责任、与业务合作伙伴的安排和合同条款的含义等；

④ 直接询问营销或销售人员，可能有助于了解被审计单位营销策略的变化、销售趋势或与客户的合同安排。

询问程序的实施可以是一对一的，也可以是会议的形式。

(3) 观察和检查程序。观察和检查程序可以支持对于管理层和其他相关人员的询问结果，并可以提供有关被审计单位及其环境的信息，主要的观察和检查程序有：
- 检查文件、记录和内部控制手册。例如，检查被审计单位的经营计划、策略、章程，与其他单位签订的合同、协议，各业务流程操作指引和内部控制手册等；
- 阅读由管理层和治理层编制的报告。例如，阅读被审计单位年度和中期财务报告，股东大会、董事会决议、高级管理层的会议记录或纪要，管理层的讨论和分析资料，对重要经营环节和外部因素的评价，被审计单位内部管理报告及其他特殊目的的报告等，了解自上一期审计结束至本期审计期间被审计单位发生的重大事项。
- 实地察看被审计单位的生产经营场所和厂房设备，有助于了解被审计单位的性质及其经营活动。

(4) 了解被审计单位及其环境。审计师应当从下列方面了解被审计单位及其环境。
- 行业状况、法律环境与监管环境及其他外部因素；
- 被审计单位的性质；
- 对会计政策的选择和运用；
- 被审计单位的目标、战略及相关经营风险；
- 对财务业绩的衡量和评价；
- 被审计单位的内部控制。

【实训要求】

(1) 行业资料收集。在网上搜索医药制造行业的信息,包括行业状况、法律环境与监管环境及其他外部因素等信息。

(2) 分组。将班级按小组数平均划分为若干小组,每个小组 5 人。其中 50%的小组扮演被审计单位,小组内每个成员扮演一个职位角色,被审计单位的关键职位如表 7-1 所示,每个职位获取对应角色的审计资料。

表 7-1 被审计单位关键职位

职位	姓名	审计资料
董事长(实际控制人)	尚文清	企业基本情况(董事长)
总经理	王仁和	企业基本情况(总经理)
财务总监	赵华美	企业基本情况(财务总监)
销售经理	程墨	企业基本情况(销售经理)
人力资源经理	唐墩墩	企业基本情况(人力资源经理)

企业基本情况(董事长)

企业基本情况(总经理)

企业基本情况
(财务总监)

企业基本情况
(销售经理)

企业基本情况
(人力资源经理)

另外,50%的小组扮演审计团队,每个审计团队小组对应一组扮演被审计单位的小组,不得直接获取上述审计资料,通过向被审计单位实施询问程序来获取审计信息。

(3) 实施询问程序。要求每个审计团队小组按以下内容框架列出问卷清单,实施询问程序。

❏ 被审计单位的性质;
❏ 对会计政策的选择和运用;
❏ 被审计单位的目标、战略及相关经营风险;
❏ 对财务业绩的衡量和评价。

(4) 填制审计底稿。根据查询和询问记录资料编制审计底稿。

行业状况、法律环境及监管环境及其他
外部因素(底稿模板)

被审计单位的性质(底稿模板)

对会计政策的选择和运用
(底稿模板)

被审计单位的目标、战略及
相关经营风险(底稿模板)

对财务业绩的衡量和评价
(底稿模板)

(5) 风险识别。识别财务报表层次和认定层次的重大错报风险,写出认定层次涉及的报表项目及相关认定并说明理由。

【实训指导】

(1) 审计底稿。

相关参考底稿参见二维码资料。

行业状况、法律环境及监管环境及其他
外部因素(底稿参考)

被审计单位的性质(底稿参考)

对会计政策的选择
和运用(底稿参考)

被审计单位的目标、战略及
相关经营风险(底稿参考)

对财务业绩的衡量和评价(底稿参考)

(2) 重大错报风险。

① 报表层次重大错报风险：被审计单位对于管理层的考核目标较为激进，在主要产品市场份额不高，且面临较大竞争压力的状况下，制定了营业收入增长 20%、净利润增长 13% 的目标。管理层存在财务造假的动机，且根据对财务总监执行的询问程序，总经理存在干预会计处理的现象。通过对实际数据的分析，2021 年刚好完成考核目标，净利润、营业收入、三项费用控制的完成率分别为 100.1%、100.01%、99.99%；另外，被审计单位的人均产值与同行业相比过高。

② 认定层次重大错报风险：存货的存在性认定存在错报风险，由于被审计单位存在人参、海马两项消耗性生物资产且金额较大，实物盘点存在较大困难。

▶ 拓展练习

组织小组讨论，反思本项目的实训过程，客观地描述在小组合作、实训过程中的感受，评估你在实训过程中所做的判断和选择的正确性，以及是什么促使你做出这些判断。最后，分析本次实训的缺陷和原因，以及未来可以如何进行改善。

7.2 在整体层面了解和评价被审计单位内部控制

【案例场景】

对广东和美制药有限公司的审计工作逐步推进,何小蝶将在整体层面了解和评价被审计单位内部控制的工作,并进行了如下分配:

- ☐ 钱小欢:了解和评价控制环境;
- ☐ 唐小果:了解和评价被审计单位风险评估过程;
- ☐ 关小鱼:了解和评价与财务报告相关的信息系统与沟通;
- ☐ 郑小花:了解和评价被审计单位对控制的监督;
- ☐ 何小蝶:负责审核审计团队的底稿,并根据团队的审计结果填写底稿"了解和评价整体层面内部控制汇总表"。

钱小欢、唐小果、关小鱼和郑小花四位审计人员看到底稿模板后都觉得内容比较多,自己填写太费时。大家讨论后一致认为,既然这些信息都来源于被审计单位,不如将底稿交给被审计单位的人员直接填写。于是,几位成员将底稿模板交给了被审计单位的财务总监赵华美,赵总监很快便安排了人员协助填写,次日便将填好的底稿反馈给审计团队。

了解和评价控制环境(审计底稿)

了解和评价被审计单位风险评估过程(审计底稿)

了解和评价与财务报告相关的信息系统与沟通(审计底稿)

了解和评价被审计单位对控制的监督(审计底稿)

何小蝶在复核审计底稿时,认为由被审计单位协助填写的方式不妥。为降低审计风险,何小蝶追加了对管理层和不同部门员工的询问程序。

【知识准备】

1. 内部控制的要素

根据 COSO 发布的内部控制框架,内部控制包括下列要素。

何小蝶对王小丽访谈的录音文件

(1) 控制环境。控制环境包括治理职能和管理职能,以及治理层和管理层对内部控制及其重要性的态度、认识和措施。控制环境设定了被审计单位的内部控制基调,影响员工对内部控制的意识。审计师应当了解管理层在治理层的监督下,是否营造并保持了诚实守信和合乎道德的文化,以及是否建立了防止或发现并纠正舞弊和错误的恰当控制。控制环境包括对诚信和道德价值观念的沟通与落实、对胜任能力的重视、治理层的参与程度、管理层的理念和经营风格、组织结构及职权与责任的分配、人力资源政策与实务。

(2) 风险评估过程。在评价被审计单位风险评估过程的设计和执行时,审计师应当确定管理层如何识别与财务报告相关的经营风险，如何评估该风险的重要性和发生的可能性，以及如何采取措施管理这些风险。

(3) 控制活动。控制活动是指有助于确保管理层的指令得以执行的政策和程序，包括与授权、业绩评价、信息处理、实物控制和职责分离等相关的活动。在了解控制活动时，审计师应当重点考虑一项控制活动单独或连同其他控制活动，是否能够及如何防止或发现并纠正各类交易、账户余额和披露存在的重大错报。对整体层面的控制活动进行了解和评估，主要是针对被审计单位的一般控制活动，特别是信息技术的一般控制。例如是否建立了适当的安全保护措施，以防止未经授权接触文件、记录和资产。

(4) 与财务报告相关的信息系统和沟通。与财务报告相关的信息系统，包括用以生成、记录、处理和报告交易、事项和情况，对相关资产、负债和所有者权益履行经营管理责任的程序和记录。与财务报告相关的沟通包括使员工了解各自在与财务报告有关的内部控制方面的角色和职责，员工之间的工作联系，以及向适当级别的管理层报告例外事项的方式。

(5) 对控制的监督。管理层的重要职责之一就是建立和维护控制并保证其持续有效运行，对控制的监督可以实现这一目标。对控制的监督是指被审计单位评价内部控制在一段时间内运行有效性的过程。例如，管理层对是否定期编制银行存款余额调节表进行复核。

2. 内部控制的了解范围和深度

在财务报表审计中，审计师需要了解和评价的内部控制只是与财务报表审计相关的内部控制，并非被审计单位所有的内部控制。

在风险评估环节，对内部控制的了解包括评价控制的设计，并确定其是否得到执行，但不包括对控制是否得到一贯执行的测试。评价控制的设计，涉及考虑该控制单独或连同其他控制是否能够有效防止或发现并纠正重大错报；控制得到执行是指某项控制存在且被审计单位正在使用。

3. 审计程序

审计程序包括以下步骤。

(1) 询问被审计单位人员。值得注意的是询问本身并不足以评价控制的设计及确定其是否得到执行，审计师应当将询问与其他风险评估程序结合使用。

(2) 观察特定控制的运用。

(3) 检查文件和报告。

(4) 穿行测试，即追踪交易在财务报告信息系统中的处理过程。

4. 在整体层面和业务流程层面了解内部控制

内部控制的某些要素(如控制环境)更多地对被审计单位整体层面产生影响，而其他要素(如信息系统与沟通、控制活动)则可能更多地与特定业务流程相关。在实务中，审计师应当从被审计单位整体层面和业务流程层面分别了解和评价被审计单位的内部控制。整体层面的控制通常在所有业务活动中普遍存在，对内部控制在所有业务流程中得到严格的设计和执行具有重要影响；业务流程层面控制主要是对工薪、销售和采购等交易的控制。

【实训要求】

(1) 听取何小蝶向王小丽访谈的录音文件，指出与被审计单位填制的底稿不相符的地方。

(2) 假设录音文件及未涉及的底稿信息为可靠信息，指出被审计单位整体层面内部控制存在缺陷的控制要素。

(3) 指出审计团队在了解被审计单位内部控制时存在的问题，并提出改进建议。

【实训指导】

(1) 访谈记录与底稿不相符的地方有以下几处。

① "了解和评价控制环境"第 1 项关于"行为守则的有效传达和执行",底稿显示员工行为守则已经有效传达,但访谈记录显示员工并不清楚行为规范的传达路径。

② "了解和评价控制环境"第13项,底稿显示员工岗位职责能够有效规范和传达,但访谈记录显示员工并没有很清晰的岗位职责认知。

③ "了解和评价控制环境"第14项,底稿显示被审计单位有适当的职责分离,但访谈记录显示未能有效执行适当的职责分离。

④ "了解和评价控制环境"第16项,底稿显示被审计单位能够保持足够的人力资源,但访谈记录显示人员常常不足。

⑤ "了解和评价控制环境"第18项关于员工的考核与评价,底稿显示"上级就下属的业绩评价,与其进行会谈并提出改进建议,评价结果经员工确认",但访谈记录显示员工并不清楚考核标准、过程与结果。

⑥ "了解和评价与财务报告相关的信息系统与沟通"第13项,底稿显示会计凭证均经过适当审核,但访谈记录显示凭证审核流于形式。

(2) 被审计单位整体层面内部控制存在缺陷的控制要素包括:控制环境、与财务报告相关的信息系统和沟通、对控制的监督。

(3) 审计团队了解被审计单位内部控制时存在的问题及改进建议。

审计团队仅执行了询问程序,而询问本身并不足以评价控制的设计,以及确定其是否得到执行,审计师应当将询问与其他风险评估程序结合使用。

➤ 拓展练习

根据本项目内容,设计一份"了解和评价整体层面内部控制汇总表"的审计底稿,以综合本项目其他底稿的关键内容,支持整体层面了解和评价被审计单位内部控制的最终审计结论。

7.3 在业务流程层面了解和评价内部控制

【案例场景】

唐小果负责了解被审计单位销售与收款环节的内部控制。根据何小蝶的指点,唐小果找了一笔销售业务执行穿行测试,以销售部提供的销售合同为起点,依次对应到系统中的销售订单、发货通知单、销售出库单、应收单、销售增值税专用发票和记账凭证。但在执行全流程关联查询时,仅显示如图 7-1 所示的关联。

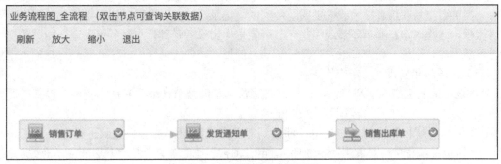

图 7-1 销售业务系统流程

在被审计单位会计金不换的协助下，对应到了后续的应收单、收款单和记账凭证及相关附件。金不换解释，系统中的业务单据可以通过下推自动生成，也可以直接录入，只有通过下推自动生成单据的情况下，在查询单据的全业务流程时才会出现如图 7-1 所示的关联图。

至于应收单和收款单是如何对应到该笔业务的，金不换则解释应收单主要是根据签订的书面合同来确认，收款单则由出纳王小丽通过分析汇款的对方账户名称和时间来进行判断。

【知识准备】

1. 在业务层面了解被审计单位内部控制的主要步骤

(1) 确定重要业务流程和重要交易类别。制造企业通常可以划分为销售与收款循环、采购与付款循环、生产与存货循环、人力资源与工薪循环、投资与筹资循环等。重要交易类别是指可能对被审计单位财务报表产生重大影响的各类交易，应与相关账户及其认定相联系。例如对于一般制造企业，销售收入和应收账款通常是重大账户，销售和收款都是重要交易类别。除了一般所理解的交易以外，对财务报表具有重大影响的事项和情况也应包括在内，例如考虑应收账款的可回收性和计提坏账准备等。

(2) 了解重要交易流程，并进行记录。在确定重要的业务流程和交易类别后，审计师便可着手了解每一类重要交易在信息技术或人工系统中生成、记录、处理及在财务报表中报告的程序，即重要交易流程。这是确定在哪个环节或哪些环节可能发生错报的基础。与财务报表审计相关的交易流程通常包括生成、记录、处理和报告交易等活动。例如，在销售循环中，这些活动包括输入销售订购单、开具送货单和发票、更新应收账款记录等。

(3) 确定可能发生错报的环节。审计师需要确认和了解被审计单位应在哪些环节设置控制，以防止或发现并纠正各重要业务流程可能发生的错报。

(4) 识别和了解相关控制。如果审计师计划对业务流程层面的有关控制进行进一步了解和评价，那么针对业务流程中容易发生错报的环节，审计师需要确定被审计单位是否建立了有效的控制，以防止或发现并纠正这些错报。业务流程中的控制可以划分为预防性控制和检查性控制。

❑ 预防性控制通常用于正常业务流程中的每一项交易，以防止错报的发生。例如仓库管理员扫描入库物料，自动生成一条入库记录，并同时更新库存信息，便是防止出现购货漏记的情况。

❑ 检查性控制的目的是发现流程中可能发生的错报，用以监督业务流程和相应的预防性控制能否有效地发挥作用。例如定期编制银行存款余额调节表，通过查找企业账与银行账之间的差异发现可能存在的错误。

(5) 执行穿行测试，证实对交易流程和相关控制的了解。穿行测试不是单独的一种程序，而是将多种程序按特定审计需要进行结合运用的方法。具体的步骤如下：

❑ 先将被审计单位规范某项经济业务行为的制度按业务流程的方式描述出来；
❑ 抽取某几笔业务样本；
❑ 要求被审计单位提供所有所抽取业务样本的运行记录；
❑ 按照流程环节，描述样本业务的实际运行情况。

(6) 对控制初步评价。在识别和了解控制后，审计师对控制评价结论可能是：

❑ 所设计的控制单独或连同其他控制能够防止或发现并纠正重大错报，并得到执行；
❑ 控制本身的设计是合理的，但没有得到执行；
❑ 控制本身的设计就是无效的或缺乏必要性的。

2. 和美制药的信息系统控制

和美制药采用金蝶云星空系统对企业的全流程业务活动进行管理，如果一项业务前后承接，即可由上单下推生成下单。当销售员录入销售订单时，由销售订单可下推生成发货通知单，发货通知单继续下推生成销售出库单，继续下推录入销售发票、应收单、收款单。如果单据由下推生成，系统可以设置自动控制确保两张单据的共同信息一致，在查询业务全流程时，显示如图7-2所示。

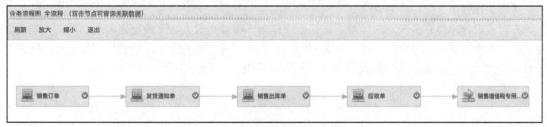

图7-2 销售业务系统全流程

记账凭证不能通过下推生成，可以在业务模块选择相关单据后自动生成或手工录入。

【实训要求】

(1) 检查和美制药销售与收款管理的内部控制手册，选择想要了解的控制项。

(2) 以小组为单位实施穿行测试，将流程中涉及的票据按顺序编号并对应相应的控制点，通过单据检查控制点是否有效及得到执行，根据提供的模板编制审计底稿(穿行测试未涉及的控制不列入底稿)。

和美制药内部控制手册(销售与收款管理)

评价控制的设计并确定控制是否得到执行(底稿模板)

(3) 指出该环节内部控制存在的缺陷及所属缺陷类型，以及内控缺陷可能造成的财务报表重大错报影响。

评价控制的设计并确定控制是否得到执行
（底稿参考）

【实训指导】

(1) 建议选择与财务报表相关的控制：R4 销售合同、R5 销售发货、R6 销售退回、R7 销售收款、R9 会计系统控制。

(2) 参考审计底稿见二维码。

(3) 主要的控制缺陷有以下几项。

① 缺乏相关控制：缺少对客户的信用控制，在客户发货时未对客户信用进行评估，可能造成应收账款坏账损失，使得应收账款的计价与摊销认定存在重大错报风险。

② 控制设计不合理：应收账款与客户的对账由销售部人员在必要时进行，且对账差异仅由销售负责人审批便可进行差异调整，使得应收账款的认定存在重大错报风险。

③ 控制没有得到执行：开具发票缺少出库单；销售人员实际并未将应收账款对应具体订单，由财务部对应到客户；收入的确认无出库记录。

↗ 拓展练习

设计一个穿行测试来评估和美制药的销售退回控制，说明测试的步骤，包括选择样本、收集数据和执行测试的具体方法。

7.4 确定重要性水平

【案例场景】

在对被审计单位有了一定的了解后，何小蝶作为该项目负责人，需要制定和美制药初步的重要性水平。根据对被审计单位的了解，和美制药的报表使用者主要为股东、融资机构及客户。股东对于企业的收益情况非常关注，因此管理层的绩效设置也与企业的经营利润密切相关。

【知识准备】

1. 重要性概述

"重要性"是一个在任何时候都会用到的概念。在这方面，我们会运用自己的判断形成各自的看法。举一些实际的例子来帮助理解：在超市购物后，你到收银处付款并找回零钱。如果找回的零钱少了 1 角、1 元、10 元或 50 元等(金额视消费额而定)，你会回头再找收银处？

你可以向你的朋友们提出这个问题。你得到的各种答案会让你大吃一惊。但是，当我们谈到"重要性"时，有时候数值本身的大小并不重要，一个看起来很小的数值在某些场景下可能很重要。比如，我们为奥运会建造一个游泳池，如果游泳池的长度短了 10 厘米，是否事关重大？

回答是肯定的。同样的，在审计过程中我们也会运用重要性的概念，即报表金额的出入达到何种地步才会影响到报表使用者。从上面的例子可以看出，不同的报表使用者根据其自身的情况对报表数据的准确性有着不同的要求，所以对不同的使用者，重要性水平也是不同的。而对于审计师来说，审计工作的最终目的是对会计报表发表审计意见，合理确认会计报表是否存在重大错报。所以重要性水平的概念其实相当简单，我们将某个数字放到一套报表中作为参照，查看找出的未调整的错误是否超出或者是否接近这个数字，如果是，那么我们就不能签发无保留审计意见。

2. 重要性水平的层次

(1) 财务报表整体的重要性。通常所说的重要性水平也即财务报表整体的重要性。确定重要性需要运用职业判断。通常先选定一个基准,再乘以某一百分比作为财务报表整体的重要性:

$$重要性水平=基准×百分比$$

在通常情况下,对于以营利为目的的企业,利润可能是大多数财务报表使用者最为关注的财务指标,因此审计师可能考虑选取经常性业务的税前利润作为基准。百分比和选定的基准之间存在一定的联系,如经常性业务的税前利润对应的百分比通常比营业收入对应的百分比要高。对于以营利为目的的制造行业实体,审计师可能认为经常性业务的税前利润的5%是适当的。

(2) 特定类别交易、账户余额或披露的重要性水平。在审计过程中,有些项目的错报虽然没有达到重要性水平,但也会影响报表使用者的判断。例如关联方交易、支付给董事和管理层的酬金、制药企业的研究与开发成本等。这类项目被称为特定类别交易、账户余额或披露的重要性水平。

(3) 实际执行的重要性。如果在审计过程中将财务报表整体的重要性作为参考,那么很可能每一项被忽略的错报单项金额均未超过重要性水平,但汇总的错报金额却超过了财务报表整体的重要性,从而影响报表使用者的决策。确定实际执行的重要性也需要我们运用职业判断,通常而言,实际执行的重要性为财务报表整体重要性的50%~75%。

(4) 可容忍错误。可容忍错误用于账户余额。可容忍错误一般为财务报表整体重要性的50%,我们可以根据自己对客户的评估提高或降低百分比。其产生的效果是:我们所设定的百分比越高,则导致误报和漏报的概率就越小,相应地,我们的测试范围也就越小。

(5) 明显微小错报的临界值。在审计过程中,我们可能将低于某一金额的错报界定为明显微小的错误,对这类错报不需要累积,而任何高于该临界值的错报则应汇总至审计差异汇总表中。明显微小错报的临界值通常确定为财务报表整体重要性的3%~5%,最高不能超过10%。

3. 审计中发现的错误的实务处理

(1) 当错误小于明显微小的临界值,可以忽略,不再汇总至审计差异汇总表中。

(2) 当错误大于明显微小的临界值,原则上可以进行审计调整,如果暂不调整则必须汇总至审计差异汇总表中。

(3) 当错误大于可容忍错误,则应该进行审计调整,若遇客户坚持不愿调整等特殊情况,先汇总至审计差异汇总表中,然后视整体审计情况再作考虑。

(4) 当错误大于财务报表整体重要性,则必须进行审计调整,若不调整则不能出具无保留意见报告。

审计完成后必须将审计差异汇总表进行统计汇总,若累计的错误影响接近财务报表整体重要性,则必须挑选出相对比较主要的错误予以调整,来释放部分审计风险。因为审计差异汇总表统计的是已发现未调整的错误,我们应该考虑到还存在审计未发现的错误的可能性,所以对于审计差异的汇总影响与重要性水平间必须留有余地;若遇无法调整,而审计差异汇总影响接近或超过财务报表整体重要性,则不能出具无保留意见报告。

在考虑审计差异汇总影响的时候,还应参考以前年度的审计差异事项,判断该事项是否在当期已解决,以前年度的差异对当期会产生转回、延续或继续加剧等不同的影响,应视情况做出相应的处理。

4. 重要性水平的操作步骤

为了确定哪些重要,哪些并不重要,项目负责人会在计划阶段设定一个重要性水平,在计划阶段设定的重要性水平及其计算基准将在审计计划备忘录或审计策略备忘录中予以说明。同时,制定相应的可容忍错误及明显微小错报的临界值。审计计划经核准后，项目负责人应将重要性水平告知所有的审计小组成员，并在审计过程中参照使用。

审计人员在审计过程中发现的错误应详细记载在底稿中，项目负责人在复核时，参照重要性水平，初步判断是否需要调整或汇总至差异汇总表，并与客户交流意见后，确定审计调整事项。

在汇总整理阶段，根据最终的审计调整情况，编制审计差异汇总表，该表应作为审计小结的附件。同时，项目负责人还应将计划阶段制定的重要性水平重新和最终的审定报表进行比较，确定相对于审定后的报表，原先制定的重要性水平是否恰当。若发现原先的重要性水平过高，则应重新拟定重要性水平，并以新的标准重新处理审计发现的问题。

(参考资料：立信审计培训资料)

【实训要求】

结合对被审计单位及其环境的了解和项目中的相关资料，依据 MySQL 数据库中和美制药的财务报表数据，选择恰当的基准和比例制定财务报表各层次重要性水平，编制审计底稿。

【实训指导】

重要性审计底稿参考答案见二维码。

重要性审计底稿
(底稿参考)

重要性审计底稿
(底稿模板)

▶ 拓展练习

1. 根据本项目制定的重要性水平，何小蝶如果在监盘存货时发现物资短缺了 2000 元，应该如何处理？

2. 如果何小蝶在对银行存款进行函证时，发现和美制药将 2022 年 1 月份到账的 1000 万元货款记入了 2021 年 12 月份，与和美制药沟通后，财务部同意进行账务调整。根据制定的重要性水平，此时何小蝶应该如何处理？

3. 如果何小蝶在对固定资产进行审计时，发现错报 300 万元货款，经与和美制药会计金不换沟通，金不换不同意调整。此时何小蝶应该如何处理？

7.5 评估重大错报风险

【案例场景】

何小蝶的审计团队在对和美制药及其环境的了解过程中，各成员都发现了一些问题。针对如何对发现的问题与财务报表的重大错报风险进行关联，何小蝶组织项目团队进行了讨论。

唐小果："我觉得不用搞得太复杂，我们将发现的问题分配到具体的循环就可以了，这样能让负责该循环审计的同事在审计的时候加以注意。"

钱小欢："那肯定不够啦，我们至少要将问题与报表的具体项目关联起来，因为审计程序主要还是和报表项目相关的。"

关小鱼："我认为这样也不够，如果这个问题和多个报表项目相关，甚至和多个循环相关呢？所以我们要区分这个问题是财务报表层次的还是某个报表项目的认定层次。"

郑小花："我觉得最重要的还是我们要对找出的问题进行应对，根据评估的结果我们应该制定什么样的审计方案。"

你认为谁的说法正确？

【知识准备】

1. 评估重大错报风险的审计程序

评估重大错报风险的主要流程如图7-3所示。

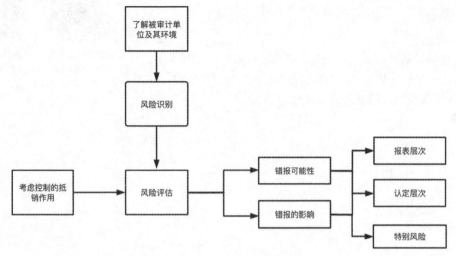

图7-3 评估重大错报风险主要流程

2. 风险识别

我们在了解被审计单位及其环境的整个过程中识别风险，并且需将识别的风险与认定层次可能发生错报的领域相联系。例如我们在前面的任务中发现被审计单位存在人参、海马两项消耗性生物资产盘点困难的问题，这与存货的存在认定相关。

3. 风险评估

对于识别的风险，应从风险发生的可能性和影响两个方面进行评估，评价其是否更广泛地与财务报表整体相关，以及潜在错报的重大程度是否足以导致重大错报，从而确定其属于财务报表层次还是认定层次的重大错报风险。例如在前面的任务中，我们识别到管理层的考核指标过于激进，通过对环境和考核指标的分析，可能在营业收入的发生认定，以及与此相关联的营业成本、存货、费用等多个领域发生错报，这便与财务报表整体广泛相关，因此该风险属于财务报表层次的风险。

4. 特别风险

特别风险是指需要特别考虑的重大错报风险。在判断特别风险时，需要考虑的主要事项有：
(1) 风险是否属于舞弊风险；
(2) 风险是否与近期经济环境、会计处理方法或其他方面的重大变化相关，而需要特别关注；
(3) 交易的复杂程度；
(4) 风险是否涉及重大的关联方交易；
(5) 财务信息计量的主观程度，特别是计量结果是否具有高度不确定性；
(6) 风险是否涉及异常或超出正常经营过程的重大交易。

日常的、不复杂的、经正规处理的交易不太可能产生特别风险。特别风险通常与重大的非常规交易和判断事项有关。

【实训要求】

汇总本章发现的重大错报风险，编制审计底稿"风险评估结果汇总表"。

【实训指导】

评估重大错报风险审计底稿参考答案见二维码。

↗ 拓展练习

在互联网收集"ST 左江"[1](股票代码：sz300799)的相关资料，参考本章底稿模板，基于可收集到的数据编制风险评估底稿，并评估其 2023 年报表层次的重大错报风险。

风险评估结果汇总表(底稿模板)

风险评估结果汇总表(底稿参考)

---

[1] 左江退，曾用名 ST 左江、左江科技，于 2019 年 10 月 29 日成功上市，于 2024 年 7 月 26 日退市。由于该案例代表性强，且退市后资料可查，故该案例仍然保留。

第 8 章 销售与收款循环审计

↗ 学习目标

1. 理解销售与收款环节实施控制测试和主要实质性程序的原理与方法
2. 掌握对信息系统应用程序实施控制测试的方法
3. 掌握主要实质性程序的实施步骤
4. 掌握审定表与披露表的主要内容

↗ 学习导图

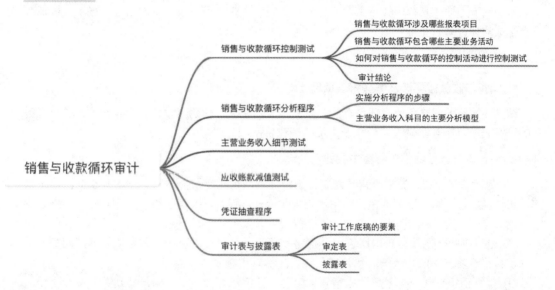

8.1 销售与收款循环控制测试

【案例场景】

唐小果负责销售与收款循环的审计工作。和美制药采用金蝶云星空智能会计平台生成凭证与账簿。通过对被审计单位内部控制的了解程序,确定了销售与收款循环的会计系统的部分控制(风险编号 R9)有效并得到执行,唐小果决定对这些控制进行测试,其中一项如表 8-1 所示。

表 8-1 被审计单位控制活动

风险编号	主要风险	控制目标编号	控制目标	控制活动编号	标准控制活动
R9	销售发票入账的会计期间或金额可能不正确	RE-CO-901	确保销售收入计入正确的会计期间,且金额与应收单相符	RE-CA-901	系统根据应收单自动生成会计凭证

在系统中，业务单据的流转和记账凭证的生成流程如图8-1所示。

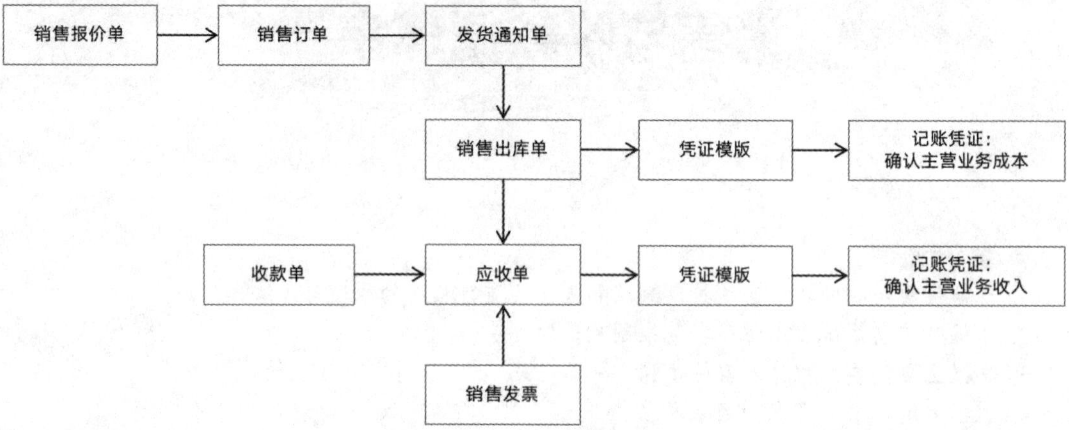

图 8-1 业务流程

唐小果一方面在系统中检查主营业务收入的凭证生成逻辑，另一方面通过自己录入模拟数据后检查生成的凭证是否正确。

【知识准备】

1. 销售与收款循环涉及哪些报表项目

该循环涉及的资产负债表项目有应收票据、应收账款、长期应收款、预收账款、应交税费；涉及的利润表项目有营业收入、税金及附加、销售费用。

2. 销售与收款循环包含哪些主要业务活动

(1) 制订销售计划。根据销售预测制订销售计划，企业通常会采取一定的预测方法对未来期间的销售情况进行预测，以制定相关的生产与采购计划。因此，准确的销售计划有助于实现企业的产销平衡。

(2) 进行客户开发及客户信用管理。销售人员开发客户后，企业通常会采集客户相关资料，制定并审核授予客户的信用政策，包括授予该客户的赊销额度、账期等。

(3) 签订销售合同。与客户达成销售意向后，通常双方会订立合同，特别是涉及金额较大的销售，长期的销售意向也会通过订立框架协议的方式约束双方的权利义务。

(4) 接受客户订单。如果客户签订了合同，应确保该订单与合同内容相符。如果未签订合同，管理部门需要审批该订单是否应该被接受，审核内容包括客户的信用情况、存货或生产能力是否能够满足订单条件等。

(5) 销售发货及开票。订单经审核批准后出具发货通知单，由仓库部门安排商品发货，财务部根据发货资料和确定的销售价格开具销售发票。

(6) 销售退换货。如果客户对商品不满意，经过双方协商，通常会退货、换货或者给予客户一定的销售折让。

(7) 销售收款。企业依照销售合同条款收取客户货款，收款方式包括现金、银行转账、商业汇票等。如果客户未能及时支付货款，还包括货款的催收管理等活动。

(8) 财务核算。财务核算包括营业收入、库存商品、收款权利或收到款项的记录，以及坏账准备的计提、核销、转回等处理。

3. 如何对销售与收款循环的控制活动进行控制测试

控制测试使用的审计程序类型主要包括询问、观察和重新执行,其提供的保证程度依次递增。表 8-2 是销售与收款循环较为常见的内部控制和相应的控制测试程序示例。

表 8-2 常见控制测试程序

风险	财务报表项目及认定	存在的内部控制(自动)	存在的内部控制(人工)	控制测试程序
合同内容存在重大疏漏和欺诈,未经授权对外订立销售合同,可能导致公司合法权益受到侵害;销售价格、收款期限等违背公司销售政策,可能导致公司经济利益受损	营业收入:发生 应收账款:存在		销售合同的签订、变更或解除需由销售部、财务部负责人、总经理办公室法务人员、总经理进行审批	检查签订的合同是否均经过正确的审批
未经授权发货或发货不符合合同约定,可能导致货物损失或客户与公司的销售争议、销售款项不能收回	营业收入:发生 应收账款:存在	对于产品的销售,由销售人员在系统录入销售合同或订单,经销售部主管领导审批后,自动生成"发货通知单",通知仓库发货	仓库核对"发货通知单",按照所列的发货品种和规格、发货数量、发货时间、发货方式等,按规定时间组织发货,并在系统开具"销售出库单"	检查系统生成"发货通知单"的逻辑及"发货通知单"是否连续编号;询问并观察发货时仓库人员的核对情况
商品发运可能未开具销售发票或已开出发票没有出库单或发运单的支持	营业收入:发生/完整性 应收账款:存在/完整性/权利和义务	系统根据出库凭证和价格信息自动开具发票;系统自动复核发票与出库凭证的对应关系,并定期生成例外报告	复核例外报告并调查原因	检查系统生成发票的逻辑;检查例外报告及跟进情况
销售入账的会计期间或金额可能不正确	营业收入:截止/发生、准确性 应收账款:存在/完整性/权利和义务、计价和分摊	系统根据业务单据自动生成凭证	向客户发送月末对账单,调查并解决客户质询的差异	检查销售凭证生成的逻辑;执行销售截止检查程序;检查客户质询信件并确定问题是否已得到解决

4. 审计结论

控制测试的结果分为支持、不支持和不适用三类。
(1) 支持,是指控制测试表明控制有效,支持风险评估结论。
(2) 不支持,是指控制测试表明控制无效,不支持风险评估结论。
(3) 不适用,是指该认定不适用于该交易、账户或披露。

需从实质性程序中获取的保证程度分为高、中、低三个档次。如果控制测试的结果为支持风险评估的结论,则需从实质性程序获取的保证程度与风险评估结论保持一致;如果控制测试的结果为不支持风险评估的结论,则需从实质性程序获取的保证程度应为高。

> 思考题

对于案例场景中提到的控制目标,应该如何设计测试数据和流程,预期的测试结果如何?

📌 参考答案

R9 控制的目标为：确保销售收入计入正确的会计期间，且金额与发票一致。

① 测试截止控制时，应侧重测试从原始单据(应收单)生成凭证时，生成的凭证期间是否与出库单、应收单、销售发票等单据的会计期间保持一致，以及是否可以人为修改。如果不一致，应确定流程是否可以完成，凭证是否可以正常保存或通过审核。控制有效的预期结果是系统能够确保出库单，应收单的会计期间一致，如果不一致，应不能正常保存或通过审核。

② 测试金额的准确性时，测试生成的凭证期间的金额是否与应收单、销售发票等单据保持一致，以及是否可以人为修改。如果不一致，应确定流程是否可以完成，凭证是否可以正常保存或通过审核。控制有效的预期结果是系统能够确保出库单、应收单的金额一致，如果不一致，应不能正常保存或通过审核。

【实训要求】

查看从应收单生成凭证的测试过程，补充完成如图 8-2 所示的审计底稿内容。

销售与收款循环 — 控制测试

会计师事务所	广东金利信会计师事务所有限公司		编制：	何小蝶	日期：	2022.1.8	索引号：	11-2
被审计单位：	广东和美制药有限公司		复核：	任青	日期：	2022.1.8		
审查项目：	控制测试		会计期间：	2021.12.31				

1、控制测试结论

控制序号	控制目标	被审计单位的控制活动	控制活动是否有效运行	控制测试结果是否支持风险评估结论
R9	确保销售收入计入正确的会计期间，且金额与应收单相符	系统根据业务单据自动生成凭证。		

2、对相关交易、账户余额和披露的审计方案

受影响的交易、账户余额	相关认定							
	存在/发生	完整性	权利和义务	计价和分摊	准确性	截止	分类	列报和披露
主营业务收入								

图 8-2 控制测试审计底稿

针对该项控制测试，在填写审计底稿时需要对以下事项做出专业判断。

(1) 控制是否有效，以及控制测试的结果是否支持风险评估结论。

(2) 根据对内部控制的了解和控制测试结论制定审计方案，即需要从实质性程序获取的保证程度，分为高、中、低三个层次，假设涉及其他项目的控制测试已完成且结果均为有效。

数据测试流程演示

【实训指导】

销售与收款循环控制测试的审计底稿参考答案见二维码。

控制测试工作底稿(参考)

📌 拓展练习

和美制药使用金蝶云星空系统，通过设置凭证模板从业务单据自动生成记账凭证。针对主营业务收入的发生和完整性认定目标，如果要在系统中对凭证生成过程进行控制测试，可以如何设计控制测试的流程？

8.2 销售与收款循环分析程序

【案例场景】

唐小果根据审计惯例，在对交易和余额实施细节测试前对销售与收款循环实施实质性分析程序，符合风险导向的审计要求和成本效益原则。为了更直观地显示分析结果，唐小果决定将分析程序的结果制作成仪表板，进行可视化的呈现。

【知识准备】

1. 实施分析程序的步骤

(1) 识别需要运用实质性分析程序的账户余额或交易。就销售与收款循环而言，通常需要运用实质性分析程序的是销售交易、收款交易、营业收入项目和应收账款项目。

(2) 确定期望值。基于审计师对经营活动、市场份额、经济形势和发展历程的了解，与营业额、毛利率和应收账款等的预期相关。

(3) 确定可接受的差异额。在确定可接受的差异额时，审计师首先应当确定管理层使用的关键业绩指标，并考核这些指标的适当性和监督过程。

(4) 识别需要进一步调查的差异并调查异常数据关系。审计师应当识别实际和期望值之间的差异，如果认为存在未预期的重大差异，就可能需要对营业收入发生额和应收账款余额实施更加详细的细节测试。

(5) 评价分析程序的结果。审计师应当就收集的审计证据是否能支持其试图证实的审计目标和认定形成结论。

2. 主营业务收入科目的主要分析模型

(1) 将账面销售收入、销售清单和销售增值税销项清单进行核对。

(2) 将本期销售收入金额与以前可比期间的对应数据或预算数进行比较。

(3) 分析月度或季度销售量、销售单价、销售收入金额、毛利率变动趋势。

(4) 将销售收入变动幅度与销售商品及提供劳务收到的现金、应收账款/合同资产、存货、税金等项目的变动幅度进行比较。

(5) 将销售毛利率、应收账款/合同资产周转率、存货周转率等关键财务指标与可比期间数据、预算数或同行业其他企业数据进行比较。

(6) 分析销售收入等财务信息与投入产出率、劳动生产率、产能、水电能耗、运输数量等非财务信息之间的关系。

(7) 分析销售收入与销售费用之间的关系，包括销售人员的人均业绩指标、销售人员薪酬、广告费、差旅费，以及销售机构的设置、规模、数量、分布等。

【数据表结构】

本项目分析涉及 MySQL 数据库中的"主营业务收入总分类账""主营业务成本总分类账""应交税费总分类账"[已筛选明细科目为"应交税费-应交增值税(销项税额)"]"销售费用总分类账""利润表_和美制药"，以及从外部采集的可比公司利润表，假设命名为"利润表_可比公司"，数据表结构如图 8-3 所示。

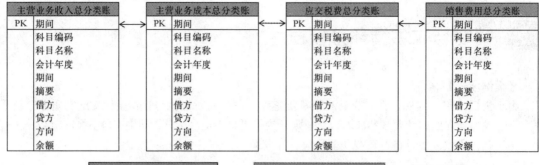
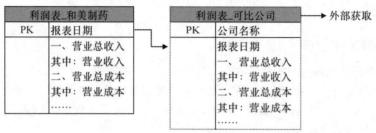

图 8-3 数据表结构

【实训要求】

(1) 对以下指标进行可视化分析。

① 月度销售收入变动趋势。

② 月度毛利率变动趋势。

③ 2021 年毛利率与同行业可比公司对比。

④ 增值税销项税额占主营业务收入比。

⑤ 销售费用占营业收入比与同行业可比公司对比。

注：

参考可比公司有华润双鹤、同仁堂、哈药股份等。

(2) 指出分析结果存在的异常。

【实训指导】

(1) 可视化分析，具体操作步骤如下。

① 数据建模。登录金蝶云星空后进入"轻分析"模块，新建业务主题，从"数据建模"模块中连接 MySQL 数据库，导入本项目需要用到的数据表，在选择数据表的页面，输入"总分类账"查询，将查询结果的 4 张表"主营业务成本总分类账""主营业务收入总分类账""应交税费总分类账""销售费用总分类账"导入。然后在"数据建模"模块的关系页签中单击"新建关系"按钮，建立"主营业务收入总分类账"与"主营业务成本总分类账"中"期间"字段的一对一关系，单击"确定"按钮，如图 8-4 所示。

参照上述操作，建立"主营业务收入总分类账"与"应交税费总分类账"中"期间"字段的一对一关系、"主营业务收入总分类账"与"销售费用总分类账"中"期间"字段的一对一关系，建立好的关系如图 8-5 所示，单击"保存"按钮。

操作视频

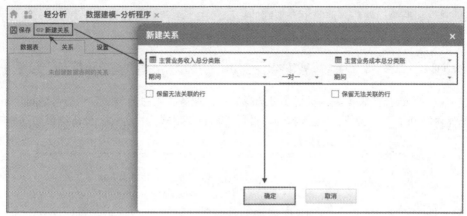

图 8-4 新建表间关系

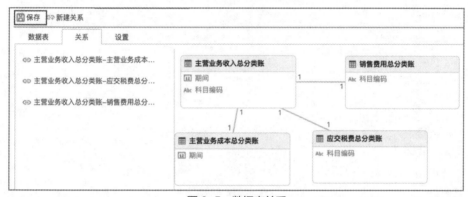

图 8-5 数据表关系

② 月度销售收入变动趋势。返回"轻分析"界面,进入业务主题的"数据斗方"模块,选择图表类型为折线图,选择"主营业务收入总分类账"中的"期间"字段拖入横轴,单击横轴字段右侧的下拉按钮,选择维度为"年月",然后选择"贷方"字段拖入纵轴,在右侧设置纵轴的数字格式为"万",分析结果如图 8-6 所示,保存该指标为"月度销售收入变动趋势"。

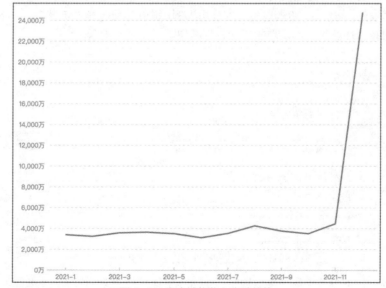

图 8-6 月度销售收入变动趋势

③ 月度毛利率变动趋势。清除上一步骤的指标,在"主营业务收入总分类账"创建计算字段,命名为"毛利率_和美制药",表达式如下:

([主营业务收入总分类账.贷方]-[主营业务成本总分类账.借方])/[主营业务收入总分类账.贷方]

新建字段后,选择图表类型为折线图,选择"主营业务收入总分类账"中的"期间"字段拖入横轴,选择"毛利率_和美制药"拖入纵轴,设置纵轴数字格式为百分比,分析结果如图 8-7 所示,另存该指标为"月度毛利率变动趋势"。

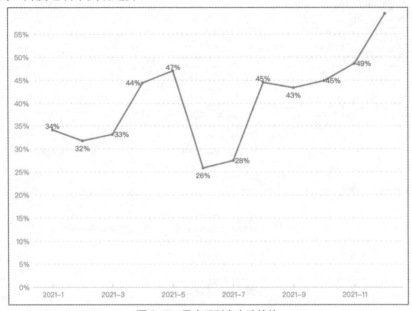

图 8-7 月度毛利率变动趋势

④ 2021 年毛利率与行业可比公司对比。同行业可比公司的财务数据需要从互联网采集,可以利用金蝶大数据平台,选择公司进行批量采集。登录审计大数据实训平台,在大数据采集选项下选择"多企业财务报表采集"选项,展开"参数"卷展栏,设置公司名称,选择可比公司,例如本案例可以选择华润双鹤、同仁堂、哈药股份三家公司为例,报告类型选择"年报",报表类型选择"利润表",年份选择"2021",然后单击"运行"按钮,如图 8-8 所示。

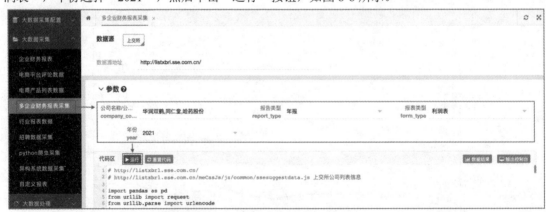

图 8-8 采集同行业可比公司财务报表

待运行完成后,单击"数据结果"按钮,单击"下载"按钮采集报表,如图 8-9 所示。

图 8-9　下载同行业可比公司报表

由于采集的报表格式和字段格式不便于分析，需要进行转置处理。在大数据处理选项下选择"数据转换"选项，上传下载的报表数据，单击"添加规则"按钮，选择"数据转置"选项，然后单击"执行转换"按钮，运行完成后在下方数据预览区域中单击"保存到数据库"按钮，填写大数据审计数据库连接信息，包括数据库地址、端口号、用户名、密码及数据库，将数据表命名为"利润表_可比公司"，然后单击"设置字段类型"按钮，如图 8-10 所示。

图 8-10　保存到数据库

除公司名称列字段(采集的字段名为"#")设置为 String 字符类型，其他字段均设置为 Double 数值类型，设置完成后单击"确定"按钮，然后单击"测试连接"按钮，连接成功后单击"保存"按钮。

返回"轻分析"界面，进入"分析程序"业务主题的"数据建模"模块，为便于分析处理，可以通过 SQL 新建"毛利率对比"数据表，输入 SQL 代码：

```
select `#` as 公司名称,(`营业收入(元)` - `营业成本(元)`)/ `营业收入(元)` as 毛利率 from `利润表_可比公司`
union
select "和美制药" as 公司名称,(其中：营业收入 - 其中：营业成本) / 其中：营业收入 as 毛利率 from `利润表_和美制药` where 报表日期 = "2021-12-31"
```

完成后保存退出，进入"数据斗方"模块，选择图表类型为多系列柱形图，选择"毛利率对比"中的"公司名称"字段拖入横轴，选择"毛利率"字段拖入纵轴，选择绘图区的"数据标签"复选框，设置纵轴的数字格式为"百分之一(%)"，数据排序设置为"降序"，可得到2021年毛利率与同行业可比公司对比分析图形，如图8-11所示，另存该指标为"2021年毛利率与同行业可比公司对比"。

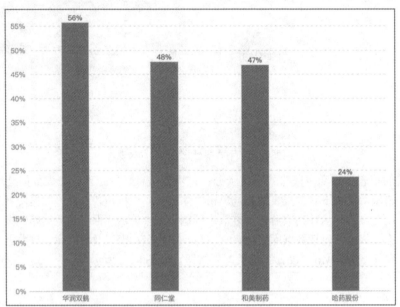

图8-11 2021年毛利率与同行业可比公司对比

⑤ 增值税销项税额占主营业务收入比。清除上一步骤的操作，在"主营业务收入总分类账"新建计算字段，命名为"增值税销项税额占主营业务收入比"，表达式如下：

sum([应交税费总分类账.贷方])/sum([主营业务收入总分类账.贷方])

完成后选择图表类型为"业务指标"，将计算的"增值税销项税额占主营业务收入比"拖入主指标，可得到增值税销项税额占主营业务收入比为9.63%，将该指标另存为"增值税销项税额占主营业务收入比"。

⑥ 销售费用占营业收入比与同行业可比公司对比。返回"轻分析"界面，在"数据建模"模块中通过SQL新建数据表"销售费用占营业收入比"，SQL代码如下：

select \`#\` as 公司名称,(\`销售费用(元)\`)/ \`营业收入(元)\` as 销售费用占营业收入比 from \`利润表_可比公司\`

union

select "和美制药" as 公司名称,销售费用 / 其中：营业收入 as 销售费用占营业收入比 from \`利润表_和美制药\` where 报表日期 = "2021-12-31"

完成后保存，重新进入"数据斗方"模块，选择图表类型为"多系列柱形图"，选择"销售费用占营业收入比"中的"公司名称"字段拖入横轴，选择"销售费用占营业收入比"字段拖入纵轴，选择绘图区的"数据标签"复选框，设置纵轴的数字格式为"百分之一(%)"，数据排序设置为升序，最终图形如图8-12所示，将该指标另存为"销售费用点营业收入比与同行业可比公司对比"。

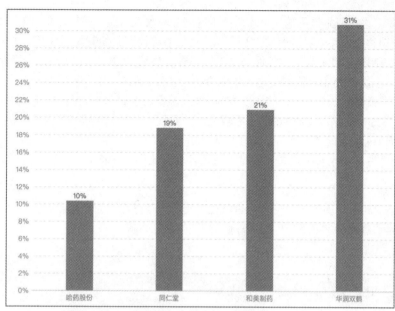

图 8-12　销售费用占营业收入比与同行业可比公司对比

⑦ 仪表板制作。在"轻分析"面板中的"销售与收款循环审计"选项下新建仪表板，命名为"销售与收款循环分析"，进入仪表板后，选择左侧的"文字"组件拖入面板中，编辑仪表板的名称为"销售与收款循环分析"，选中文字对象时，可以通过拖曳移动对象位置，右侧的属性可以对选中对象的位置、大小等属性进行编辑。

选择指标所在位置的"数据斗方"组件拖入面板，将本项目绘制的所有指标逐一选中拖入面板，完成后可以进行拖曳移动位置，或者在右侧编辑其属性，使所有对象排列整齐、美观。可以根据偏好将展示的外观风格设置为"深邃蓝"或其他风格，通过菜单栏的桌面端预览查看全貌，如图 8-13 所示。

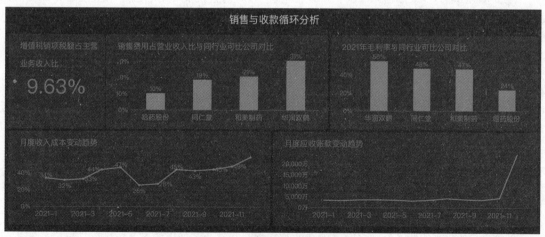

图 8-13　销售与收款循环分析

(2) 指标分析，具体内容如下。

① 12 月份的销售收入增幅过快，12 月份主营业务收入显著高于其他月份。而根据对和美制药环境的了解，药品行业整体而言周期性及季节性均不明显，虽然 12 月份及 1 月份感冒高发季对于黄连素片、小儿清肺口服液、小儿解表颗粒药物的需

求会有所上升，但这些药品并不是和美制药的主营产品，收入占比不高，且从月度销售收入分析表可知，1月份的销售收入并无明显增长。因此，12月份销售收入的发生认定可能存在重大错报风险。

② 虽然和美制药年度毛利率与可比公司对比不存在显著异常，但12月份的毛利率过高，达到59%。12月份毛利率的突然增长需要进一步调查。

③ 增值税销项税额占营业收入的比仅为9.63%，根据前述对和美制药的了解，和美制药对外销售增值税率为13%，与实际比例9.63%差距较大，营业收入的发生认定或应交税费的完整性认定可能存在重大错报风险。

④ 销售费用占营业收入比偏高，但对于医药行业该比例尚属正常，无明显异常。

↗ 拓展练习

采集同行业可比公司的资产负债表并进行处理后导入数据库，对比应收账款周转率指标，和美制药的该指标是否存在异常？

8.3 主营业务收入细节测试

【案例场景】

唐小果对销售与收款循环执行了控制测试和分析性程序后，认为主营业务收入项目存在重大错报风险，对实质性程序要求提供的保证程度较高，也就需要对主营业务收入等相关项目进行更加详尽的细节测试，但是由于被审计单位的数据量较大，唐小果正在思考如何对主营业务收入的发生、完整性、截止等认定设计恰当的审计程序。

为便于表单的核对，唐小果已在系统中追溯源单，将凭证号、出库单编号、发票号进行关联。

【知识准备】

在细节测试程序中，发生测试从明细账出发，核对销售发票、销售出库单及发运凭证等，如图8-14所示，检查是否所有的记账凭证都已经销售出库或发运。

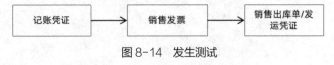

图8-14 发生测试

完整性测试则从销售出库单或发运凭证出发，核对销售发票、记账凭证，如图8-15所示，检查是否所有销售出库均已记账。

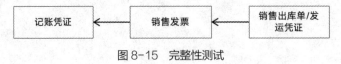

图8-15 完整性测试

截止测试则检查报表截止前后的记账凭证、销售发票和出库单据是否存在跨期入账的问题。

在主营业务收入的业务量较多时，上述的测试程序通常通过抽样的方式实现，选取金额较大或重要的业务凭证进行测试。在新技术的推动下，对全部数据进行细节测试成为可能。

【数据表结构】

本项目分析涉及 MySQL 数据库中的"主营业务收入明细账""销售出库单列表""销售发票明细表",数据表结构如图 8-16 所示。

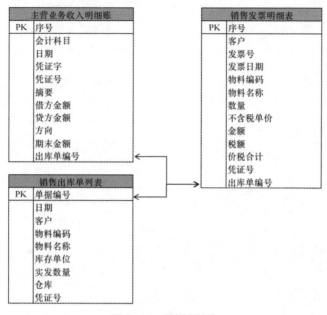

图 8-16　数据表结构

【实训要求】

(1) 通过 SQL 语句找出不存在出库单的主营业务收入记账凭证。
(2) 通过 SQL 语句找出未入账的出库单。
(3) 通过 SQL 语句找出发票数量与出库数量不符的记账凭证。
(4) 通过 SQL 语句找出记账金额与发票金额不符的记账凭证。
(5) 根据提供的模板,将执行上述程序,找出存在问题的单据,填在审计底稿中,并在备注中注明问题所涉及的认定(存在/完整性/准确性/截止)。

主营业务收入细节测试(底稿模板)

【实训指导】

(1) 不存在出库单的主营业务收入记账凭证。

登录金蝶云星空后进入"轻分析"模块,新建业务主题,进入"数据建模"模块,通过 SQL 新建数据表"不存在出库单的主营业务收入记账凭证",SQL 代码如下:

　　select 日期,凭证字,凭证号,贷方金额,出库单编号 from 主营业务收入明细账 where 贷方金额 is not null and (出库单编号 is null or 出库单编号 not in
　　(select 单据编号 from 销售出库单列表))

运行完成后可查看不存在出库单的主营业务收入记账凭证,如图 8-17 所示。

日期	凭证字	凭证号	贷方金额	出库单编号
2021-10-31	记	4959	226,518.00	
2021-10-31	记	4963	1,135,570.00	
2021-11-01	记	25	-1,798,785.23	
2021-12-31	记	5217	795,120.00	
2021-12-31	记	5218	3,396,375.00	
2021-12-31	记	5225	3,182,458.00	

总共16行数据，仅显示前10行数据

图 8-17 不存在出库单的主营业务收入记账凭证

(2) 未入账的出库单。

重复第一步通过 SQL 新建数据表的操作，通过 SQL 新建数据表"未入账的出库单"，SQL 代码如下：

```sql
select 日期,单据编号,物料名称,实发数量 from 销售出库单列表 where 单据编号 not in
(select 出库单编号 from 主营业务收入明细账 where 出库单编号 is not null)
```

运行完成后可查看未入账的出库单，如图 8-18 所示。

日期	单据编号	物料名称	实发数量
2021-08-07	CKD2021080719	活血镇痛胶囊	919.00
2021-08-07	CKD2021080724	小儿解表颗粒	560.00

总共2行数据

图 8-18 未入账的出库单

(3) 发票数量与出库数量不符的记账凭证。

重复第一步通过 SQL 新建数据表的操作，通过 SQL 新建数据表"发票数量与出库数量不符的记账凭证"，SQL 代码如下：

```sql
select a.发票日期,a.物料名称,a.数量 as 发票数量,b.实发数量 as 出库单数量,a.金额,a.凭证号,b.单据编号 as 出库单编号
   from
   销售发票明细表 as a ,
   销售出库单列表 as b
   where a.出库单编号 = b.单据编号 and a.数量 <> b.实发数量
```

运行完成后可查看发票数量与出库数量不符的记账凭证，如图 8-19 所示。

发票日期	物料名称	发票数量	出库单数量	金额	凭证号	出库单编号
2021-06-14	活血镇痛胶囊	1,132.00	132.00	1,890,831.86	3157	CKD2021061406
2021-09-13	小儿清肺口服液	2,018.00	228.00	2,507,734.51	2776	CKD2021091303
2021-12-17	复方地龙片	286.00	45.00	331,362.83	3323	CKD2021121722
2021-02-12	小儿解表颗粒	2,534.00	534.00	3,660,769.91	2138	CKD2021021211
2021-02-19	海马舒活膏	125.00	12.00	254,194.93	3359	CKD2021021905
总共5行数据						

图 8-19　发票数量与出库数量不符的记账凭证

(4) 记账金额与发票金额不符的记账凭证。

重复第一步通过 SQL 新建数据表的操作，通过 SQL 新建数据表"记账金额与发票金额不符的记账凭证"，SQL 代码如下：

```
select a.日期,a.凭证字,a.凭证号,a.贷方金额 as 入账金额,b.金额 as 发票金额,b.物料名称
from
主营业务收入明细账 as a,
销售发票明细表 as b
where a.出库单编号 = b.出库单编号 and a.贷方金额 <> b.金额
```

运行完成后，可查看记账金额与发票金额不符的记账凭证，如图 8-20 所示。

日期	凭证字	凭证号	入账金额	发票金额	物料名称
2021-06-09	记	2346	1,017,893.81	97,968.00	活血镇痛胶囊
2021-07-16	记	2951	2,175,761.06	775,150.00	小儿解表颗粒
2021-10-21	记	4452	2,475,584.07	1,204,044.00	黄连素片
2021-12-07	记	1094	3,432,292.04	717,688.00	小儿解表颗粒
2021-12-16	记	3472	4,764,212.39	670,375.00	海马舒活膏
2021-02-12	记	2096	3,434,796.46	905,000.00	小儿解表颗粒
总共6行数据					

图 8-20　记账金额与发票金额不符的记账凭证

完成后，保存新建数据表。

(5) 审计底稿编制。

通过 SQL 查询的数据可以在"数据分析"或"数据斗方"模块中以列表的形式展现，导出文件后整理填入审计底稿，底稿参考见二维码。

主营业务收入
细节测试(底稿
参考)

➤ 拓展练习

如何通过 SQL 查询统计进行主营业务收入的截止测试，即如何查询出库日期、发票日期与入账日期不属于同一会计期间的数据？

8.4 应收账款减值测试

【案例场景】

唐小果根据对被审计单位及其环境的了解程序，和美制药的应收账款全部根据账龄进行组合，并按表8-3所示的坏账准备计提比例。

表8-3 坏账准备计提比例

账龄	应收账款预期信用损失率
1年以内	5%
1~2年	10%
2~3年	30%
3年以上	100%

和美制药使用金蝶云星空系统对应收账款进行登记和管理，根据系统设置对收款单和应收单自动进行核销，未核销的应收单形成"到期债权表"。在和美制药提交的审计资料中，对2021年末应收账款账龄分析及坏账准备计提结果如表8-4所示。

表8-4 应收账款账龄分析及坏账准备计提结果

(单位：元)

账龄	期末数			期初数		
	应收账款余额		坏账准备	应收账款余额		坏账准备
	金额	比例(%)		金额	比例(%)	
1年以内	73 722 611.67	70.46	3 686 130.58	62 248 802.96	71.98	3 112 440.15
1~2年	12 453 756.68	11.90	1 245 375.67	12 831 189.71	14.84	1 283 118.97
2~3年	16 586 643.40	15.85	4 975 993.02	8 325 120.35	9.63	2 497 536.11
3年以上	1 867 572.72	1.78	1 867 572.72	3 075 284.82	3.56	3 075 284.82
合计	104 630 584.47	100.00	11 775 071.99	86 480 397.84	100.00	9 968 380.05

唐小果认为上表的账龄逻辑存在错误，决定重新分析账龄。经核对，"到期债权表"的合计金额与应收账款余额一致。因此，唐小果拟对"到期债权表"进行账龄分析，并与和美制药应收账款的坏账准备余额进行核对。

➚ 思考题

表8-4所示的应收账款账龄分析存在什么问题？

➚ 参考答案

在表8-4所示的应收账款账龄分析中，期初数中"1~2年"的应收账款余额为12 831 189.71元，小于期末数中"2~3年"的应收账款余额16 586 643.40元，通常情况下是不符合逻辑的。因为期初的应收账款余额如果当期未收回，在期末时会全部转变成"2~3年"。因此，期初数中"1~2年"的应收账款余额应大于或等于期末数中"2~3年"的应收账款余额。

【知识准备】

企业应合理预计信用损失并计提坏账准备，不得多提或少提，否则应视为滥用会计估计，按照前期差错更正的方法进行会计处理。在实务中，企业通常会编制应收账款账龄分析报告或分析表，以监控货款回收情况、及时识别可能无法收回的应收账款，并以账龄组合为基础预计信用损失。在这种情况下，审计师可以通过测试应收账款账龄分析表来评估坏账准备的计提是否恰当。

【数据表结构】

本项目分析涉及 MySQL 数据库中的"到期债权表"，数据表结构如图 8-21 所示。

到期债权表	
PK	单据编号
	序号
	往来单位
	单据类型
	单据编号
	金额

图 8-21 数据表结构

【实训要求】

（1）按提供的"到期债权表"，重新分析账龄并测算本年坏账准备及应计提数，根据模板编制审计底稿。（假设期初坏账准备余额经审计无误）

（2）假设重新计算的坏账准备无误，编制审计调整分录。

【实训指导】

（1）应收账款账龄划分及坏账准备测算。

在销售与收款循环审计选项下新建业务主题"应收账款坏账准备测算"，在"数据建模"模块中选择本任务需要用到的数据表"到期债权表"，并创建三个计算字段，字段名称及相关表达式如下：

> 账龄天数：: date(2021,12,31)−[业务日期]
> 账龄划分：if([账龄天数]<=365,"1 年以内",if([账龄天数]>(365*3),"3 年以上",if(and([账龄天数]>365,[账龄天数]<=(365*2)),"1-2 年","2-3 年")))
> 坏账准备余额：if([账龄划分]="1 年以内",[金额]*0.05,if([账龄划分]="1-2 年",[金额]*0.1,if([账龄划分]="2-3 年",[金额]*0.3,[金额])))

坏账准备计算表
（底稿模板）

在数据表下方的"字段"页签中，将数据表中"金额"的显示名称修改为"应收账款余额"，完成后保存数据，回到"轻分析"界面，进入"数据斗方"模块，选择图表类型为"列表"，选择"账龄划分""应收账款余额""坏账准备余额"三个字段拖入列，得到测算的坏账准备余额如图 8-22 所示，与被审计单位提供的数据不符。

卡片预览		
账龄划分	应收账款余额	坏账准备余额
1-2年	18,700,677.94	1,870,067.79
1年以内	75,189,427.34	3,759,471.37
2-3年	6,162,850.94	1,848,855.28
3年以上	4,577,628.24	4,577,628.24

图 8-22 坏账准备测算结果

导出上述数据编制审计底稿。

(2) 审计调整分录。

根据计算差异,编制审计调整分录如下:

借:坏账准备　　　　　　　28 950.59
　　贷:信用减值损失　　　　28 950.59

操作视频

坏账准备计算表
(底稿参考)

↗ 拓展练习

在应收账款的坏账准备审计中,除了关注账龄分析所测算的坏账准备计提金额的准确性,还有哪些关键风险事项应予以重点关注?

8.5 凭证抽查程序

【案例场景】

唐小果在销售与收款循环的审计中,由于营业收入的发生认定存在较大错报风险,唐小果决定执行凭证检查程序,为确保按金额的大小分配抽样比率,唐小果采用货币单元抽样的方法选择检查的凭证,抽查凭证及相关附件见二维码。

2021 年 5 月 2225 号凭证及附件

2021 年 10 月 4960 号凭证及附件

2021 年 10 月 4962 号
凭证及附件

2021 年 12 月 5239 号
凭证及附件

2021 年 12 月 5248 号
凭证及附件

由于唐小果已经将开票数据导出文件,开票的单价已与定价政策进行了全部的复核,并确认无误。因此,凭证检查程序不再复核发票的单价问题。

【知识准备】

会计凭证检查程序主要是通过抽样方法抽取本期一定数量的记账凭证,以会计分录为起点,检查相关原始凭证,如发票、出库记录或发运凭证等,主要的检查点包括:

① 检查销售订单,用以确认存在真实的客户购买需求,销售交易已经过适当的授权批准。

② 检查销售发票中列出的商品规格、数量和客户名称与销售出库单、发运凭证进行比较核对,尤其是由客户签收商品的一联,确定是否已按合同约定履行了履约义务,满足收入的确认条件。

③ 销售发票上所列的单价,通常还要与经过批准的商品价目表进行比较核对,对其金额小计和合计数也要进行复算。

④ 检查原始凭证中的交易日期,以确认收入计入正确的会计期间。

【实训要求】

检查抽取的凭证及相关附件，审计软件已根据抽样自动填写审计底稿，从会计序时账中获取的数据，如图 8-23 所示，帮助补全审计底稿的内容。

主营业务收入凭证抽查表

会计师事务	广东金利信会计师事务所			编制：		唐小果		日期：		2022.1.20
被审计单位	广东和美制药有限公司			复核：		何小蝶		日期：		2022.1.20
审查项目：	应收账款			会计期间：		2021.12.31		索引号：		12-6

日期	凭证种类	凭证编号	业务内容	对方科目	金额		核对内容				备注
					借方	贷方	1	2	3	4	
2021/5/8	记	2225	销售商品	应收账款	7,144,123.89	7,144,123.89					
2021/10/31	记	4960	销售商品	应收账款	1,678,374.00	1,678,374.00					
2021/10/31	记	4962	销售商品	应收账款	5,037,909.28	5,037,909.28					
2021/12/31	记	5239	销售商品	应收账款	3,319,932.00	3,319,932.00					
2021/12/31	记	5248	销售商品	应收账款	4,392,363.00	4,392,363.00					

核对内容说明：
1. 原始凭证是否齐全； 2. 记账凭证与原始凭证是否相符； 3. 账务处理是否正确； 4. 是否记录于恰当的会计期间

抽样说明：
采用货币单元抽样，抽样比例为30%。

审计说明：

主营业务收入
凭证抽查表(底稿
模板)

图 8-23 审计底稿

【实训指导】

填写的审计底稿参见二维码。

主营业务收入
凭证抽查表(底稿
参考)

⤴ 拓展练习

在本项目审计底稿中，核对的内容分别对应主营业务收入项目的哪项或哪几项审计目标？

8.6 审定表与披露表

【案例场景】

唐小果完成了销售与收款循环的全部审计程序，最后需要确定报表项目审定数和披露内容(即报表附注中披露的报表项目明细内容)。唐小果将上期数从去年的审计底稿中导入，然后检查应收账款的所有审计底稿，汇总需要进行调整的分录。

【知识准备】

1. 审计工作底稿的要素

通常，审计工作底稿包括下列全部或部分要素。

(1) 审计工作底稿的标题。审计工作底稿的标题包括被审计单位名称、审计项目名称及资产负债表日或底稿涵盖的会计期间。

(2) 审计过程记录。审计过程记账包括特定项目或事项的识别特征、重大事项及相关重大职业判断、针对重大事项如何处理结论矛盾或不一致的情况三方面内容。

(3) 审计结论。审计师根据所实施的审计程序及获取的审计证据得出结论，并以此作为对财务报表发表审计意见的基础。

(4) 审计标识及其说明。审计工作底稿中可使用各审计标识，但应说明其含义并保持前后一致。

(5) 索引号及编号。通常，审计工作底稿需要注明索引号及顺序编号，相关审计工作底稿之间需要保持清晰的勾稽关系。

(6) 编制者姓名及编制日期。

(7) 复核者姓名及复核日期。

(8) 其他应说明事项。

以本任务涉及的"应收账款审定表"底稿为例，各对应要素如图 8-24 所示。

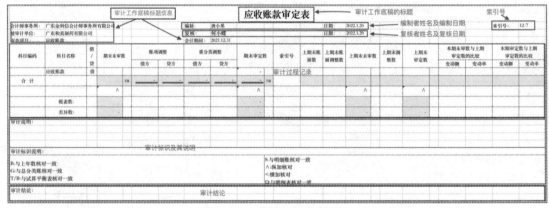

图 8-24　审计工作底稿要素

2. 审定表

审计工作底稿中的审定表是审计人员对报表项目审计的结论性工作底稿，记录经审计的报表项目发生额及余额，汇总核对该报表项目的报表和明细账，进行试算平衡，并汇总评述针对该报表项目的审计结论。

审定表中通常包括未审数、账项调整、重分类调整和审定数，以及本期数据与上期数据的比较。通常在审计工作底稿中，每个报表项目至少有一张审定表的工作底稿，以便于完成审计阶段汇总财务报表的试算平衡表等内容。

3. 披露表

审计工作底稿中的披露表是财务报表附注中关于该报表项目的披露内容。根据企业会计准则，以及国资委和证监会的相关规定，针对不同的企业类型，制定了不同的披露格式要求。在审计工作过程中，编制披露表主要是为了核实被审计单位报表附件的披露内容。

以应收账款的披露表底稿为例，其格式示例如图 8-25 所示。

种类	期末余额				账面价值	期初余额				账面价值
	账面余额		坏账准备			账面余额		坏账准备		
	金额	比例(%)	金额	比例(%)		金额	比例(%)	金额	比例(%)	
单项金额重大并单项提坏账准备的应收账款					-					
按信用风险特征组合计提坏账准备的应收账款					-	86,480,397.84	100.00%	9,968,380.05	84.66%	76,512,017.79
单项金额不重大但单项计提坏账准备的应收账款					-					
合 计	-		-		-	86,480,397.84		9,968,380.05	84.66%	76,512,017.79
报表项目					-					
差异					-					

组合中，按账龄分析法计提坏账准备的应收账款

账 龄	期末数			期初数		
	账面余额		坏账准备	账面余额		坏账准备
	金额	比例(%)		金额	比例(%)	
1年以内				62,248,802.96	71.98	3,112,440.15
1-2年				12,831,189.71	14.84	1,283,118.97
2至3年				8,325,120.35	9.63	2,497,536.11
3至以上				3,075,284.82	3.56	3,075,284.82
合 计	-		-	86,480,397.84	100.00	9,968,380.05

图 8-25 应收账款披露表

【实训要求】

假设经过审计和美制药的应收账款余额，除本章第 8.4 节应收账款的坏账准备调整外，不存在需要进行其他审计调整及重分类调整。根据本章第 8.4 节中的坏账准备测试结果、MySQL 中的未审财务报表、应收账款明细账等资料，补充完成审计底稿"应收账款审定表"和披露表。

应收账款审定表(底稿模板)　　　　　应收账款披露表(底稿模板)

【实训指导】

根据模板编制的审计工作底稿参考内容见二维码。

应收账款审定表(底稿参考)　　　　　应收账款披露表(底稿参考)

拓展练习

通过对审计底稿的学习，设计营业收入的审定表和披露表格式。假设没有其他调整项目，则编制主营业务收入的审定表与披露表。

第 9 章 采购与付款循环审计

↗ 学习目标

1. 理解采购与付款环节实施控制测试和主要实质性程序的原理
2. 掌握采购与付款循环控制测试的方法
3. 掌握管理费用分析程序与固定资产折旧测算的方法

↗ 学习导图

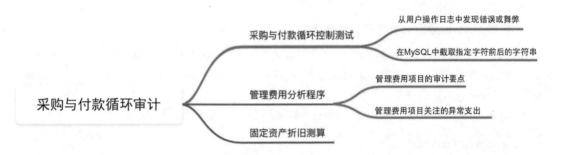

9.1 采购与付款循环控制测试

【案例场景】

钱小欢负责和美制药采购与付款循环的审计任务。和美制药通过信息系统对员工的采购业务进行授权控制。根据其管理制度,其中采购订单的分权审批权限如表 9-1 所示。

表 9-1 采购审批权限

采购金额	发起	初审	审核	审批
小于 10 万元	采购员	采购部经理		财务总监
10 万元及以上	采购员	采购部经理	财务总监	总经理

在对和美制药的内部控制了解过程中,发现上述授权控制有效且得到执行,钱小欢决定对该项授权控制进行测试,检查采购订单的新增、审核、审批操作是否符合分权制度的规定。

经了解,在审计期间内,上述审核及审批人员未发生变化。考虑到系统中的权限设置可能已被修改,钱小欢决定导出和美制药系统中的用户操作日志,筛选其中与采购订单相关的操作,然后通过编写 SQL 代码复核其规范性。

【知识准备】

1. 从用户操作日志中发现错误或舞弊

通过"轻分析"模块查询出数据表，观察本任务相关的数据表的字段和值的特点，以及表间关联。根据和美制药的控制策略，应达到的控制目标可以梳理成以下 4 项：
- 只有采购员有权限新增；
- 所有订单经采购经理审核；
- 10 万元以下财务总监审批；
- 10 万元及以上总经理审批。

因此，在控制测试时，可以从未能实现上述目标的角度查询以下数据：
- 非采购员新增的操作；
- 未经采购经理审核的单据；
- 10 万以下无财务总监审批的单据；
- 10 万元及以上未经总经理审批的单据。

2. 在 MySQL 中截取指定字符前后的字符串

观察到"用户操作日志"数据表中的"操作描述"字段与"采购订单明细表"中的"单据编号"字段无法直接关联，操作描述中的单据编号被包含在一对双引号中，因此需要将其截取出来以便建立两个表的关联关系。

在 MySQL 中可以借助 substring_index()函数实现字符串的截取，其用法如下：

substring_index(str,delim,count)

参数 str 表示要处理的字符串，delim 表示截取字符的分隔符，count 表示分隔符计数。例如：
substring_index(str,',',2)表示取出从左往右第二个逗号左边的字符串；
substring_index(str,'、',-1)取出从右往左数第一个顿号右边的字符串。

【数据表结构】

本项目分析涉及 MySQL 数据库中的"用户操作日志""员工岗位明细表""采购订单明细表"，数据表结构如图 9-1 所示。

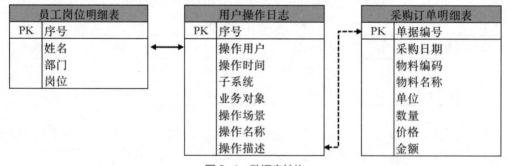

图 9-1 数据表结构

【实训要求】
(1) 对和美制药的采购订单授权操作控制进行测试，找出不符合其控制目标的数据。
(2) 判断该项控制是否有效，以及控制测试的结果是否支持风险评估结论。

【实训指导】

(1) 控制测试，具体操作步骤如下。

① 非采购员新增采购订单的操作。登录金蝶云星空后进入"轻分析"模块，新建业务主题，在"数据建模"模块中，通过 SQL 新建数据表，命名为"非采购员新增采购订单的操作"，SQL 代码如下：

```
select 序号,操作用户,操作名称,操作描述 from 用户操作日志 where 操作名称 ="新增" and 操作用户 not in
(select 姓名 from 员工岗位明细表 where 岗位 ="采购专员")
```

运行完成后，得到的数据表如图 9-2 所示，共计 20 条新增采购订单的操作记录由非采购员完成。

序号	操作用户	操作名称	操作描述
1320	金永胜	新增	编码为"CG20210905
1331	金永胜	新增	编码为"CG20210906
1403	金永胜	新增	编码为"CG20210913
1409	金永胜	新增	编码为"CG20210913
1441	金永胜	新增	编码为"CG20210917
1443	金永胜	新增	编码为"CG20210917

总共20行数据，仅显示前10行数据

图 9-2 非采购员新增采购订单的操作

② 未经采购经理审核的单据。由于采购经理人员在审计期间未发生变化，可以通过查询"员工岗位明细表"确定其名称为"金永胜"，通过 SQL 新建数据表"未经采购经理审核的单据"，SQL 代码如下：

```
select 单据编号,采购日期,物料编码,物料名称,金额 from 采购订单明细表 where 单据编号 not in
(select substring_index(substring_index(操作描述,'"',1),'"',-1) as 单据编号 from 用户操作日志 where 操作名称 ="审核" and 操作用户 ="金永胜")
```

运行完成后，新建的数据表如图 9-3 所示。可见，未经采购经理审核的采购订单记录共计 14 条。

单据编号	采购日期	物料编码	物料名称	金额
CG202106078	2021-06-13	ZC000002	白芷	63,448.20
CG202108149	2021-08-22	ZC000002	白芷	56,913.60
CG202108150	2021-08-23	ZC000003	川芎	46,449.90
CG202109103	2021-09-17	ZC000004	红花	46,087.20
CG202110083	2021-10-12	ZC000003	川芎	47,673.10
CG202110132	2021-10-20	ZC000002	白芷	47,055.40

总共14行数据，仅显示前10行数据

图 9-3 未经采购经理审核的单据

③ 10 万元以下未经财务总监审批的单据。在审计期间财务总监人员未发生变化，通过查询"员工岗位明细表"确定其名称为"赵华美"，通过 SQL 新建数据表"10 万元以下未经财务总监审批

的单据",SQL 代码如下:

```
select 单据编号,采购日期,物料编码,物料名称,金额 from 采购订单明细表 where 金额 <100000 and 单据编号 not in
(select substring_index(substring_index(操作描述,'"',1),'"',-1) as 单据编号 from 用户操作日志 where 操作名称 ="审批" and 操作用户 ="赵华美")
```

运行完成后,新建的数据表如图 9-4 所示,可得 10 万元以下未经财务总监审批的采购订单记录共计 14 条。

单据编号	采购日期	物料编码	物料名称	金额
CG202106078	2021-06-13	ZC000002	白芷	63,448.20
CG202108149	2021-08-22	ZC000002	白芷	56,913.60
CG202108150	2021-08-23	ZC000003	川芎	46,449.90
CG202109103	2021-09-17	ZC000004	红花	46,087.20
CG202110083	2021-10-12	ZC000003	川芎	47,673.10
CG202110132	2021-10-20	ZC000002	白芷	47,055.40

总共14行数据,仅显示前10行数据

图 9-4　10 万元以下未经财务总监审批的单据

④ 10 万元及以上未经总经理审批的单据。在审计期间总经理人员未发生变化,通过查询"员工岗位明细表"确定其名称为"王仁和",通过 SQL 新建数据表"10 万元及以上未经总经理审批的单据",SQL 代码如下:

```
select 单据编号,采购日期,物料编码,物料名称,金额 from 采购订单明细表 where 金额 >= 100000 and 单据编号 not in
(select substring_index(substring_index(操作描述,'"',1),'"',-1) as 单据编号 from 用户操作日志 where 操作名称 ="审批" and 操作用户 ="王仁和")
```

运行完成后,新建的数据表如图 9-5 所示,可得 10 万元及以上未经总经理审批的采购订单记录共计 37 条。

单据编号	采购日期	物料编码	物料名称	金额
CG202105055	2021-05-11	ZC000002	白芷	118,693.80
CG202105109	2021-05-22	ZC000002	白芷	120,166.20
CG202106103	2021-06-19	ZC000002	白芷	122,935.70
CG202107130	2021-07-29	ZC000002	白芷	124,138.40
CG202108036	2021-08-05	ZC000003	川芎	136,846.40
CG202108202	2021-08-30	ZC000002	白芷	216,488.40

总共37行数据,仅显示前10行数据

图 9-5　10 万元及以上未经总经理审批的单据

(2) 控制测试结论,具体内容如下。

基于上述分析结果,发现存在大量未经恰当审批的采购订单得到执行,因此该项控制无效,控制测试结果不支持风险评估的结论。

➚ 拓展练习

本项目的控制测试可以对应哪项或哪几项财务报表项目的哪些认定目标？

9.2 管理费用分析程序

【案例场景】

钱小欢在思考对管理费用的审计，和美制药的管理费用记录众多，如果采用抽样的方式进行凭证检查，不管采用哪种抽样方法，所能抽取的样本都非常有限，相对总体而言比例过小，很可能遗漏重大错报。于是，钱小欢请教项目负责人何小蝶，应该如何开展对管理费用的审计工作。

何小蝶问："管理费用最重要的审计目标应该是什么呢？"

钱小欢答："存在，完整性，准确性，截止……应该是存在，喔，不，应该是发生！"

何小蝶又问："嗯，哪种审计程序可以验证它发生的真实性呢？"

钱小欢苦恼道："我想到的是凭证检查，可是凭证有几十本，怎么抽都不够的，唉！"

何小蝶说："那我们可以想办法缩小抽凭的范围，这种办法就是分析程序啊！"

钱小欢恍然大悟："喔，这样我们就可以找出异常项目，主要检查这些异常支出就可以了！"

【知识准备】

1. 管理费用项目的审计要点

管理费用审计的重点应是关注费用的真实性，企业所有发生的费用支出都应当对应着资产或服务的获得，并有合法原始凭证支持，否则，企业的费用支出不实，势必影响会计报表的公允反映。对管理费用核算的内容，要关注所反映的交易实质，关注与企业其他事项的关联。

在对期间费用的审计中，切忌机械地"走程序——收集证据"，以及漫无目的地抽查会计凭证。审计人员应多运用比较分析的方法，通过对被审计单位期间费用不同角度的分析，从蛛丝马迹的异常中发现问题，寻求审计的突破口，进行有针对性的凭证抽查。这样的方法更符合风险导向审计大趋势。

审计工作表面上看似有范围，只限于审计年度的会计账簿和报表，实际上，凡是与被审计单位会计报表相关或与发表审计意见相关的事项和资料，审计师都应该关注，从这个角度来看审计工作是没有范围的。审计人员在审计时不能只重视核对被审计单位提供的资料，而要重视外部证据的获取及专业判断。

2. 管理费用项目关注的异常支出

审计中，经常可以从以下几个方面发现被审计单位的异常支出：

(1) 大额且偶发的支出；

(2) 没有实质经济内容的支出；

(3) 与相应经济活动内容与规模不相称的支出；

(4) 原始凭证或单据不完整的支出；

(5) 与关联方或权力部门(人员)之间的支出；

(6) 与特殊事项或特殊会计处理相关的支出；

(7) 内部部门或总部、分部之间的大额资金划拨。

【数据表结构】

本项目分析涉及 MySQL 数据库中的"管理费用明细账""利润表_和美制药"及从外部获取的

"利润表_可比公司",数据表结构如图 9-6 所示。

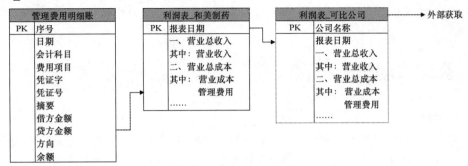

图 9-6　数据表结构

【实训要求】

(1) 分析以下指标并进行可视化展示。

① 管理费用构成。

② 管理费用月度趋势。

③ 管理费用占收入比与可比公司对比(2021 年)。

注:

参考可比公司有华润双鹤、同仁堂、哈药股份等。

(2) 根据分析结果指出异常的费用项目或期间,并确定进一步调查的主要审计程序。

【实训指导】

(1) 指标分析与可视化呈现,具体操作步骤如下。

① 管理费用构成。登录金蝶云星空后进入"轻分析"模块,新建业务主题,在"数据建模"模块中选择"管理费用明细帐",并保存。

返回"轻分析"界面,进入"数据斗方"模块,选择图表类型为饼图,选择"管理费用明细账"中的"借方金额"字段拖入角度,选择"费用项目"字段拖入颜色,选择绘图区的"数据标签"复选框。绘制出的管理费用构成的饼图如图 9-7 所示。

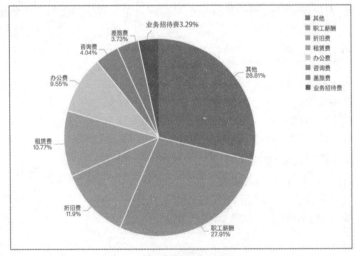

图 9-7　管理费用构成

操作视频

② 管理费用月度趋势。清除上一步骤的操作结果，选择图表类型为折线图，选择"日期"字段拖入横轴，设置维度为"年月"，选择"借方金额"拖入纵轴，可见管理费用总额月度趋势如图 9-8 所示。

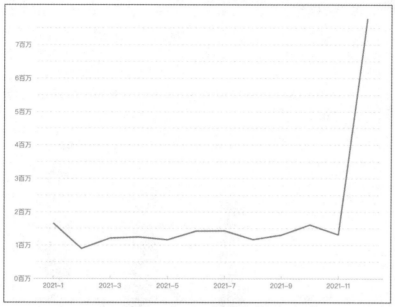

图 9-8　管理费用总额月度趋势

因图 9-8 所示 12 月份费用有大幅激增，选择"费用项目"字段拖入系列，从而查看 12 月份费用激增的主要来源，以进一步缩小审计详查的范围，形成的指标图如图 9-9 所示。

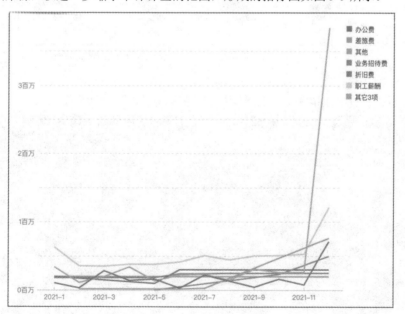

图 9-9　管理费用分项趋势

③ 管理费用占收入比与可比公司对比(2021 年)。该任务需采集可比公司的利润表，本书第 8.2 节已采集并存储该数据表，在此不再赘述财务报表的采集过程。从"轻分析"界面进入"数据建模"模块，通过 SQL 新建数据表"管理费用占收入比与可比公司对比"，SQL 代码如下：

```
select  `#` as 公司名称,`管理费用(元)` / `营业收入(元)` as 管理费用占收入比 from  `利润表_可比公司`
union
    select "和美制药" as 公司名称,管理费用 / 其中：营业收入 as 管理费用占收入比 from   `利润表_和美制药` where  报表日期   ="2021-12-31"
```

运行完成后保存，返回"轻分析"界面，进入"数据斗方"模块，选择图表类型为"多系列柱形图"，选择"管理费用占收入比与可比公司对比"中的"公司名称"字段拖入横轴，选择"管理费用占收入比与可比公司对比"字段拖入纵轴，选择绘图区的"数据标签"复选框，设置纵轴的数字格式为"百分之一(%)"，数据排序设置为"升序"。可得到2021年管理费用占收入比与行业可比公司对比分析图形，如图9-10所示。

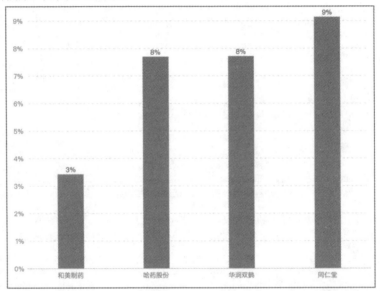

操作视频

图9-10 2021年管理费用占收入比与行业可比公司对比分析

(2) 分析结论，具体内容如下。

为便于分析，可将上述指标在仪表板中进行汇总呈现，如图9-11所示。

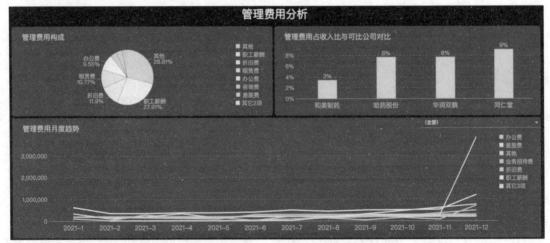

图9-11 管理费用分析

由管理费用占收入比与可比公司的对比所示，可见和美制药的管理费用占收入比明显低于可比公司，管理费用的完整性或营业收入的发生认定可能存在重大错报。

由管理费用的构成所示，可见"其他""职工薪酬""折旧费""租赁费""办公费"等几项费用占比较大，尤其是"其他 3 项"费用项目，未明确费用内容，应作为审计重点。

由管理费用月度趋势所示，可见 12 月份费用大幅激增，其中"其他"类费用 12 月增长幅度最大，职工薪酬、办公费也有较大幅度增长，这几项管理费用项目在 12 月期间的发生额应作为审计重点。

操作视频

⁊ 拓展练习

针对构成管理费用的各项目，可以从哪些方面进行勾稽分析？列举两项，并选择其中具备相关信息的一项进行分析。

注：

和美制药在一般费用的分配设置中，将总经办、人力资源部、总经办、财务部 4 个部门发生的期间费用计入"管理费用"科目。

9.3 固定资产折旧测算

【案例场景】

由于和美制药的信息系统模块出现问题，其固定资产卡片采用 Excel 表格登记，并通过表格每月计算累计折旧。钱小欢对于其采用 Excel 计算的累计折旧准确性存在疑问，决定重新计算并用 SQL 代码自动生成底稿信息，这样可以节约底稿的填制时间。

【知识准备】

用 SQL 计算本期折旧月份。计算某项在用固定资产当年折旧的月份数时，存在以下几种情况需要考虑：

① 如果该项资产是当年投入使用的，根据购入当月不提折旧，因此当年应提的折旧月份数应为 12 减去投入使用日期的月份；

② 如果该项资产截至上年末前已提完折旧，则当年应计提折旧的月份数为 0；

③ 如果该项资产在本年内某月提完折旧，则当年应计提折旧的月份数为(折旧年限*12-截至上年末已提折旧月数)；

④ 其他正常情况下则为一年 12 个月。

计算两个时间之间的间隔可以用 timestampdiff()函数，其语法为：

```
timestampdiff(unit，begin，end)
```

参数 unit 表示间隔单位，如 month、year、day 等，参数 begin 表示开始的时间，end 表示结束的时间。

【数据表结构】

本项目分析涉及 MySQL 数据库中的"固定资产卡片"，数据表结构如图 9-12 所示。

固定资产卡片	
PK	资产编码
	资产类别
	资产名称
	规格型号
	使用部门
	计量单位
	资产数量
	开始使用日期
	原值
	预计残值
	折旧年限
	折旧方法
	期初累计折旧
	本期计提折旧
	期末累计折旧
	减值准备
	期末资产净值

图 9-12 数据表结构

【实训要求】

(1) 根据图 9-13 所示的底稿模板格式,通过 SQL 编制审计底稿主表并导出,添加审计信息表头、审计说明等底稿信息。

固定资产折旧计算表(直线法)

会计师事务所:　　　　　　编制:　　　　　　日期:

被审计单位:　　　　　　　复核:　　　　　　日期:

审查项目:　　　　　　　　会计期间:　　　　　索引号:

固定资产编码	固定资产名称	审计截止日	购入年月	原值	残值	折旧年限	期初累计折旧	本期折旧月	本期应提折旧	本期已提折旧	差额
合计											

审计说明:

图 9-13 固定资产折旧测算工作底稿

(2) 对固定资产累计折旧的差额进行调整,编制审计调整分录。

【实训指导】

(1) 编制审计底稿。登录金蝶云星空后进入"轻分析"模块,新建业务主题,在"数据建模"模块,通过 SQL 新建数据表"固定资产折旧测算",SQL 代码如下:

select a.资产编码,a.资产名称,date_format("2021-12-31","%Y-%m-%d") as 审计截止日,a.开始使用日期,a.原值,a.预计残值 as 残值,a.折旧年限,b.本期折旧月,a.期初累计折旧,a.本期计提折旧 as 本期已提折旧,

round((a.原值 - a.预计残值)/(a.折旧年限 * 12) * b.本期折旧月,2) as 本期应提折旧
from
固定资产卡片 as a,
(select 资产编码,
case when year(开始使用日期) = 2021 then (12-month(开始使用日期))
　　　when (期初累计折旧 + 预计残值 = 原值) then 0
　　　when (timestampdiff(month,开始使用日期,"2021-12-31") - (折旧年限 * 12)) > 0 and (timestampdiff(month,开始使用日期,"2021-12-31") - (折旧年限 * 12)) < 12 then month(date_add(开始使用日期,interval 折旧年限 * 12 month))
　　　else 12 end as 本期折旧月 from 固定资产卡片) as b
where a.资产编码 = b.资产编码

运行完成后在新建数据表创建计算字段"差额"，表达式如下：
[本期应提折旧]-[本期已提折旧]

完成后，数据表内容如图 9-14 所示，保存并退出"数据建模"模块。

资产编码	资产名称	审计截止日	开始使用日期	原值	残值	折旧年限	本期折旧月	期初累计折旧	本期已提折旧	本期应提折旧	差额
FJ2019008	锅炉房	2021-12-31	2019-03-20	302,086.00	15,104.30	30	12	16,740.60	10,447.14	9,566.06	-881.08
FJ2019013	水泵房	2021-12-31	2019-05-20	778,098.00	38,904.90	30	12	39,012.97	26,693.08	24,639.77	-2,053.31
FJ2020035	员工宿舍	2021-12-31	2020-05-19	5,451,235.00	272,561.75	30	12	100,696.42	177,922.26	172,622.44	-5,299.82
FJ2020039	药渣车间	2021-12-31	2020-12-30	3,739,209.00	186,960.45	30	12	0.00	118,408.29	118,408.28	-0.01
FJ2020041	1号仓库	2021-12-31	2020-12-31	5,881,389.00	294,069.45	30	12	0.00	186,243.99	186,243.98	-0.01
FJ2021042	配电房	2021-12-31	2021-06-17	220,837.00	11,041.85	30	6	0.00	3,496.59	3,496.59	0.00

总共1023行数据，仅显示前10行数据

图 9-14 数据建模

返回"轻分析"界面，进入"数据分析"模块，选择图表类型为表格，选择"固定资产折旧测算"中的"资产编码""资产名称""开始使用日期""审计截止日"字段拖入"行"，选择其他数值类型字段拖入"数值区域"，如图 9-15 所示。

图 9-15 数据表设置

选择"设置"菜单中的"合计"为"显示列总计",选择"导出"菜单,将表格导出 Excel 文件。按底稿格式添加标题、编制人及日期、复核人及日期、索引号、审计说明等信息,对差额做审计调整处理,并在审计说明中注明,保存文档为审计底稿。

操作视频

(2) 审计调整分录,具体内容如下。

经测算,固定资产累计折旧本期计提存在差额-1 613 378.50 元,应做如下审计调整:

借:固定资产——累计折旧　　　　　　1 613 378.50
　　贷:管理费用/销售费用(等相应项目)　1 613 378.50

坏账准备计算表
(底稿参考)

> **拓展练习**

在对固定资产计价的准确性及计价与分摊的认定目标实施审计的过程中,除了对折旧进行测算,还应关注哪些风险事项,并可以通过实施哪些审计程序予以应对?

第10章 生产与存货循环审计

📌 **学习目标**

1. 理解生产与存货环节实施控制测试和主要实质性程序的原理
2. 掌握生产与存货循环控制测试和主要实质性程序的方法

📌 **学习导图**

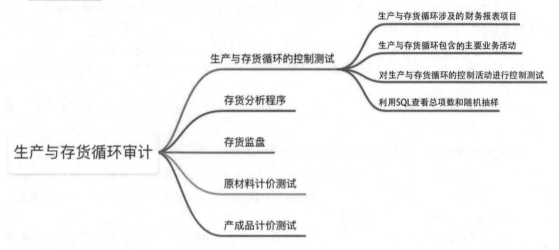

10.1 生产与存货循环的控制测试

【案例场景】

关小鱼负责生产与存货循环的审计,根据前面对于和美制药生产与存货循环内部控制的了解和评价,与财务报表相关的内部控制均评估为设计有效且得到执行,能够有效应对识别的重大错报风险。因此,关小鱼决定对该循环经过初步评价的内部控制实施控制测试。在风险评估阶段,被审计单位针对存货的计价与分摊的一项控制评估结果、拟实施的总体方案底稿如表10-1所示。

表10-1 控制的风险评估结果

重要账户或列报	认定名称	重大错报风险	相关控制预期是否有效	拟实施的总体方案		
				总体方案	控制测试	实质性程序
存货	计价与分摊	未严格执行质量检验标准,导致残次品入库,可能存在存货减值	是	综合性方案	是	是

【知识准备】

1. 生产与存货循环涉及的财务报表项目

该循环涉及的资产负债表项目有存货(包括材料采购或在途物资、原材料、材料成本差异、库存商品、发出商品、消耗性生物资产、生产成本、制造费用、劳务成本、存货跌价准备等);涉及的利润表项目有营业成本。

2. 生产与存货循环包含的主要业务活动

(1) 计划和安排生产。企业一般会根据客户订单或销售预测和产品需求分析等信息制订生产计划。车间根据生产计划生成用料清单,进行排产。

(2) 生产领料。生产订单下达后,车间根据生产用料清单进行领料。

(3) 生产产品。车间按照排产计划开展生产活动。

(4) 核算产品成本。财务部根据记录将生产费用通过直接分配或分摊到相应的成本对象,进行产品成本核算。

(5) 产成品入库及存储。产品完工后,经过检验和清点在仓储部门办理入库。

(6) 发出产成品。产品销售或其他情况需要从仓库发出产品时,由仓库办理出库手续,并进行记录,减少库存。

(7) 存货盘点。企业定期对存货进行盘点,并与存货账面数量进行核对,调查差异并进行适当调整。

3. 对生产与存货循环的控制活动进行控制测试

总体上看,生产与存货循环的内部控制主要包括存货数量的内部控制和存货单价的内部控制两方面。风险评估和风险应对是整个审计过程的核心,因此,审计师通常以识别的重大错报风险为起点,选取拟测试的控制并实施控制测试。

例如,在和美制药《内部控制手册——生产与存货管理》中的 R4 风险事项的控制活动:在系统中,由生产订单根据产品用料定额生成生产用料清单,根据生产用料清单下推生成生产领料单,确保生产领料对应到相关成本对象或产品(控制活动编号:MM-CA-203)。

该项活动为自动控制,在进行控制测试时,可以在系统中进行穿行测试。具体步骤如下:

(1) 通过抽样选择足够的生产订单样本;

(2) 跟踪生成的用料清单,重新按定额计算用料清单是否正确;

(3) 继续跟踪对应的生产领料单,核对是否与用料清单相符;

(4) 检查生产领料单,是否注明成本对象。

↗ 思考

针对和美制药《内部控制手册——生产与存货管理》中的 R4 风险事项的控制活动:严格执行质量检验标准,出具检验单,由检验员签名确认并经部门负责人审核(控制活动编号:MM-CA-201),写出控制测试的具体步骤。

↗ 参考答案

- ☐ 检查入库单是否均关联检验单
- ☐ 检查关联检验单的检验结果是否均为合格
- ☐ 检验单数量与入库单数量是否相符
- ☐ 检查生产入库单日期是否晚于检验日期

4. 利用 SQL 查看总项数和随机抽样

(1) 利用 SQL 统计数据表总条数。在 MySQL 中，查看数据表的总项数可以通过以下语句实现：

select count(*) from 表名。

(2) 利用 SQL 匹配两张表的字段。通过 SQL 可以将两张表的字段进行匹配，筛选出匹配项或不匹配的项数。例如，统计"检验单列表"中有多少项目是与"生产入库单列表"匹配的，可以使用以下 SQL 语句：

select count(*) from 生产入库单列表
where 源单编号 in
(select 单据编号 from 检验单列表)

如果统计不匹配的数据，将代码中的"in"替换为"not in"即可。

(3) 利用 SQL 进行随机抽样。在 MySQL 中，可以通过 rand()函数生成 0~1 之间的浮点数，通过 limit 限定生成的个数，然后使用 order by 进行排序。例如，从"检验单列表"中随机抽取 5 条数据的 SQL 代码为：

select * from 生产入库单列表 order by rand() limit 5

【数据表结构】

本项目分析涉及 MySQL 数据库中的"生产入库单列表""检验单列表"，数据表结构如图 10-1 所示。

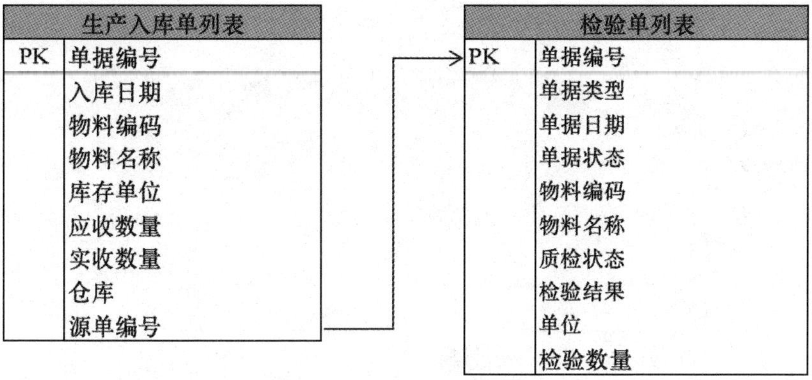

图 10-1　数据表结构

注：
列表中的源单编号为检验单编号。

【实训要求】

(1) 对和美制药"内部控制手册-生产与存货管理"中的 R4 风险事项的控制活动进行控制测试，利用 SQL 从入库单中随机抽取 100 笔单据，并抽取对应的检验单数据。

内部控制手册-生产与存货管理

(2) 确定存货账户认定的控制测试结果和需要从实质性程序获取的保证程度，并根据模板编制审计底稿。

控制测试程序表(底稿模板)

控制测试汇总表(底稿模板)

【实训指导】

(1) 控制测试，具体操作步骤如下。

① 未关联检验单的入库单项数。登录金蝶云星空后进入"轻分析"模块，新建业务主题，在"数据建模"模块中，通过SQL新建数据表，命名为"入库单总项数"，SQL代码如下：

```
select count(*) from 生产入库单列表
```

运行完成后，可以看到入库单总项数为964项，如图10-2所示。

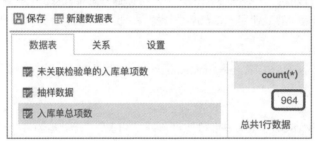

图10-2　入库单总项数

继续通过SQL新建数据表"未关联检验单的入库单项数"，SQL代码为：

```
select count(单据编号) as 无检验单的入库单数量 from 生产入库单列表
where 源单编号 not in
(select 单据编号 from 检验单列表)
```

运行完成后，显示未关联检验单的入库单项数共174条，如图10-3所示，将总项数与未关联数填入审计底稿。

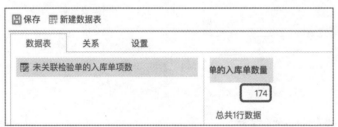

图10-3　未关联检验单的入库单项数

② 随机抽样。继续通过SQL新建数据表，随机抽取100条入库单数据并与检验单进行匹配，将新建数据表命名为"抽样数据"，SQL代码如下：

```
select
a.单据编号  as  入库单编号,
a.入库日期,
a.物料名称  as  入库名称,
```

```
a.实收数量  as  入库数量,
a.源单编号,
b.单据编号  as  检验单编号,
b.单据日期  as  检验日期,
b.物料名称  as  检验名称,
b.质检状态,
b.检验结果,
b.检验数量
from
(select * from  生产入库单列表  order by rand() limit 100)a,
检验单列表  b
where a.源单编号  = b.单据编号
```

运行完成后,显示随机抽取 100 条入库单,与检验单匹配的仅 86 条(由于是随机抽取,每次抽取结果不一样),如图 10-4 所示。

图 10-4 抽样数据

③ 检验结果非合格的项数。保存后,从"轻分析"界面进入"数据斗方"模块,再通过 SQL 新建的"抽样数据"创建计算字段,新建字段命名为"检验结果非合格的项数",表达式如下:

sum(if([抽样数据.检验结果]="合格",0,1))

其含义为通过 if 函数将检验结果等于"合格"的单据赋值为 0,否则赋值为 1,然后通过 sum 函数将所有赋值数相加,则结果为检验结果不等于合格的项数。

选择图表类型为"业务指标",选择计算的"检验结果非合格的项数"字段拖入主指标框,则可显示项数为 9(由于样本随机抽取,结果会存在一定差异)。

④ 检验单与入库单数量不相符的项数。根据审计测试程序继续在"抽样数据"表单中创建计算字段,命名为"检验单与入库单数量不相符项数",输入表达式:

sum(if([抽样数据.入库数量]=[抽样数据.检验数量],0,1))

完成后,选择图表类型为"业务指标",将选择计算的"检验单与入库单数量不相符项数"字段拖入主指标框,则可显示项数为 21(由于样本随机抽取,结果会存在一定差异)。

⑤ 检验日期晚于入库日期的项数。根据审计测试程序继续在"抽样数据"表单中创建计算字段,命名为"检验日期晚于入库日期项数",输入表达式:

sum(if([抽样数据.入库日期]-[抽样数据.检验日期]<0,1,0))

选择图表类型为"业务指标",选择计算的"检验日期晚于入库日期项数"字段拖入主指标框,则可显示项数为 0(由于样本随机抽取,结果会存在一定差异)。

(2) 审计底稿和结论，具体内容如下。

将上述结果填入审计底稿，如图 10-5 所示。

控制目标编号	控制目标	被审计单位的控制活动	控制测试程序编号	控制测试程序	控制执行频率	所测试的项目数量	不相符的数量	不相符率
R4	未严格执行质量检验标准，导致残次品入库	严格执行质量检验标准，在入库前出具检验单，且仅经检验合格的产品方可办理入库	R4-1	检查入库单是否均关联检验单	每天多次	964	174	18.05%
			R4-2	检查关联检验单的检验结果是否均为合格	每天多次	86	9	10.47%
			R4-3	检验单数量与入库单数量相符	每天多次	86	21	24.42%
			R4-4	检查生产入库单日期是否晚于检验日期	每天多次	86	0	0.00%

图 10-5 控制测试结果

从上述测试结果可以看出，控制测试并不支持风险评估阶段对该项控制的有效评估结果。因此，需要从实质性程序获取的保证程度为高。

控制测试程序表(底稿参考)

控制测试汇总表(底稿参考)

拓展练习

针对和美制药《内部控制手册——生产与存货管理》中的 R5 风险事项的控制活动：车间将完工产品送至仓库，由仓管员根据生产记录在系统中录入"生产入库单"(控制活动编号：MM-CA-202)，写出控制测试的具体步骤。

10.2 存货分析程序

【案例场景】

关小鱼准备对生产与存货循环实施实质性程序，首先对存货执行分析程序，复核其余额是否存在需要重点关注的异常。为获得存货余额的预期值，关小鱼计划通过从存货的构成、存货余额与前期、同行业的对比，以及衡量存货情况的常用指标等方面入手，查找存货项目的异常。

【知识准备】

生产与存货分析程序的主要步骤如下：

(1) 根据本期存货余额的组成与以前期间或同类企业比较，复核是否存在重大差异或异常。

(2) 通过询问管理层和员工，调查重大差异额是否表明存在重大错报风险，如何设计恰当的细节测试以识别和应对重大错报风险。

【数据表结构】

本项目分析涉及 MySQL 数据库中的"资产负债表_和美制药""利润表_和美制药""存货数量金额总账(2017—2021 年)"，以及外部获取的同行业财务报表，数据表结构如图 10-6 所示。

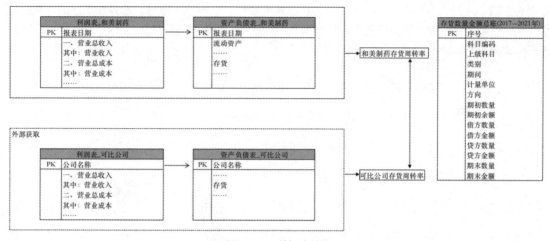

图 10-6　数据表结构

【实训要求】

(1) 利用金蝶大数据平台爬取可比公司财务报表，对比和美制药 2021 年存货周转率。

(2) 对和美制药 2017—2021 年总体存货余额及变动趋势进行分析，并可视化展示。

(3) 对和美制药 2021 年存货结构进行分析，并可视化展示。

(4) 根据指标展示指出 2021 年和美制药存货余额是否存在异常，结合对被审计单位环境的了解确定存货的审计要点。

注：

① 存货周转率采用存货的期末余额计算：存货周转率=营业成本÷存货期末余额。

② 参考可比公司：华润双鹤、同仁堂、哈药股份等。

【实训指导】

(1) 存货周转率与可比公司对比分析。

参考本书第 8.2 节实训指导中的操作步骤，利用金蝶大数据平台采集同行业公司的资产负债表与利润表。例如，选择华润双鹤、同仁堂、哈药股份三家公司。采集报表后需要进行转置处理，设置字段类型后将其保存到大数据审计的 MySQL 数据库。

登录进入"轻分析"界面，新建"业务主题"，通过 SQL 新建数据表"存货周转率与可比公司对比分析"，SQL 代码如下：

```
select a.`#` as 公司名称,a.`营业成本(元)`/b.`存货(元)` as 存货周转率 from
利润表_可比公司 a,
资产负债表_可比公司 b
where a.`#` = b.`#`
union
select "和美制药" as 公司名称,x.其中：营业成本/y.存货 as 存货周转率 from
利润表_和美制药 x,
资产负债表_和美制药 y
where x.报表日期 = y.报表日期 and x.报表日期 = '2021-12-31'
```

运行完成后保存，在"轻分析"界面进入"数据斗方"模块，选择图表类型为"多系列柱形图"，将列表中的"公司名称"字段拖入横轴,将"存货周转率"字段拖入纵轴,选择绘图区的"数据标签"复选框,设置纵轴的数字格式小数位数为2,数据排序选择为"升序",可得到2021年存货周转率可比公司对比分析图形,如图10-7所示。

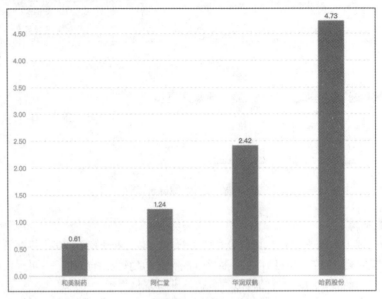

图10-7 2021年存货周转率可比公司对比分析

(2) 总体存货余额变动趋势分析。

返回"轻分析"界面,从"数据建模"模块中选择数据表"存货数据金额总账(2017—2021年)",勾选需要的字段,包括"期间""上级科目""类别""期末金额",新建数据表如图10-8所示。

上级科目	类别	期间	期末金额
原材料	黄芪	2017-01-31	2,577,259.98
库存商品	复方地龙片	2017-01-31	4,273,215.47
库存商品	海马舒活膏	2017-01-31	19,138,517.88
库存商品	活血镇痛胶囊	2017-01-31	4,836,085.74
库存商品	黄连素片	2017-01-31	6,830,579.65
库存商品	小儿清肺口服液	2017-01-31	14,264,766.99

总共780行数据,仅显示前10行数据

图10-8 存货数据金额总账(2017—2021年)

保存数据表后,从"轻分析"界面进入"数据斗方"模块,选择图表类型为"组合图",将"存货数据金额总账(2017—2021年)"数据表中的"期间"字段拖入横轴,将"期末余额"字段拖入左轴,然后选择"期末余额"字段拖入右轴,并单击右侧"菜单"下拉按钮,从弹出的下拉列表中,选择"按日期计算"|"去年同期值"选项。为使图表呈现更清晰,可以选择绘图区的数据标签选项为"折线",设置左轴的数字格式,选择数量单位为"亿",并添加后缀为"亿",设置右轴的数字格式为"百分之一(%)",图形如图10-9所示。

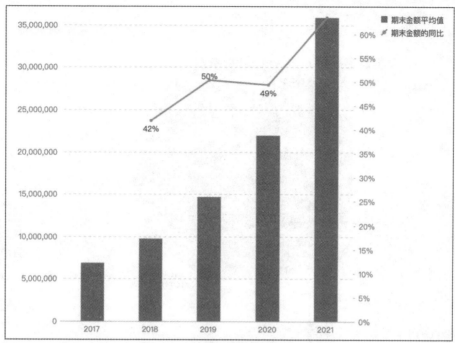

图 10-9　总体存货余额变动趋势分析

(3) 存货结构占比分析。

清除上一步骤的操作,选择图表类型为"饼图",将"存货数据金额总账(2017—2021 年)"数据表中的"期末余额"字段拖入角度,将"上级科目"字段拖入颜色,将"类别"字段拖入钻取到,然后将"存货数据金额总账(2017—2021 年)"数据表中的"期间"字段拖入筛选器,选择期间为 2021 年,选择"数据标签"复选框,如图 10-10 所示。

操作视频

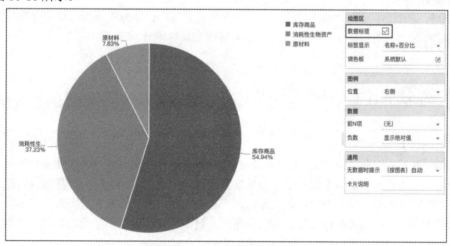

图 10-10　存货结构占比分析

分别单击图形中各类别的颜色,可以查看该类别的具体存货占比,例如,单击"库存商品"的蓝色区域时,可以查看库存商品的具体商品占比,如图 10-11 所示。

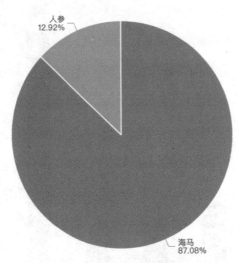

图 10-11 指标钻取

(4) 分析结论。

根据上述分析结果,和美制药的存货周转率显著低于可比公司,其存货余额自 2017 年至 2021 年快速增长,2021 年增速达到 63%。因此,存货余额存在较大异常。

如图 10-9 所示,和美制药的存货由库存商品、消耗性生物资产、原材料三类构成,其中库存商品占比较大,达 54.95%,因此库存商品应作为审计的重点。分别单击图形中各类别的颜色,可以查看该类别的具体存货占比,例如单击"消耗性生物资产"的绿色区域时,可以查看消耗性生物资产的具体类别占比,如图 10-11 所示。

↗ 拓展练习

对比分析 2021 年末和美制药与可比公司的存货占总资产比,分析该指标是否存在异常,并指出该项异常对应存货的哪项认定目标,可以实施哪些实质性审计程序予以应对。

10.3 存货监盘

【案例场景】

广东和美制药有限公司定于 2022 年 1 月 10 日对存货进行全面盘点,审计师关小鱼于前一天对和美制药进行了盘点计划的问卷调查工作,从企业的系统中获取了和美制药存货的收发存记录表。经与仓储部和财务部确认,所有仓库存货均归属于和美制药,所有当期存货出入库的单据均已传递至财务部并入账。关小鱼对存货实施了监盘程序,并对审计过程进行了记录,编制了"存货监盘结果汇总表"的审计工作底稿。

被审计单位盘点计划问卷

监盘过程

存货监盘结果汇总表

【知识准备】

存货监盘主要步骤如图 10-12 所示。

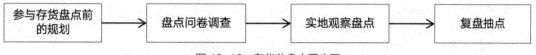

图 10-12　存货监盘主要步骤

(1) 参与存货盘点前的规划。有效的存货盘点工作必须建立在事前周密计划的基础上。审计人员应该参与被审计单位存货盘点的事前规划，这样做，可以使被审计单位了解审计对存货盘点的要求，也可以使审计人员掌握被审计单位存货管理的情况和对存货盘点的初步安排。制订盘点计划时，审计人员应特别关注以下几方面因素。

① 盘点的时间。盘点的时间应尽量安排在接近会计期末。如果被审计单位有条件进行期中盘点，审计人员应在盘点时加以监督，同时对盘点日和期末间的永续记录加以测试。

② 盘点人员。盘点人员应该是熟悉存货流转的相关人员，包括被审计单位有关管理人员和供应、存储、生产、财务等部门的有关人员。

③ 存货盘点标签、存货盘点汇总表，有条件的还应绘制存货摆放示意图，规划盘点路线。

④ 存货停止流动。为确保存货数量的准确性，盘点日各仓库、车间的存货应停止流动，并分类摆放，特别是将废品与毁损物品分开摆放，将外单位寄存的存货分开摆放并排除在盘点范围之外。如果无法做到绝对停止流动的，则应该做到相对停止流动，即在盘点时存货状态是静止的。

⑤ 各种计数、计量器具应符合国家标准，并准备齐全。

⑥ 召开盘点预备会议，将盘点计划或指令、盘点的一般程序和基本要求传达给每一位参与人员。

提示：

被审计单位如果是长期客户，且存货实物管理健全的，盘点前的规划可以相对简单些；否则，应进行详细规划，这样可以提高存货监盘的效率和效果。

(2) 盘点问卷调查。为了确保监盘工作有效进行，审计人员在实地观察存货盘点前，应对被审计单位存货盘点组织与准备工作进行问卷调查。问卷调查的对象主要是参与盘点的人员。盘点问卷调查是在存货盘点前对盘点准备工作的再次核对和确认，审计人员可以通过盘点问卷调查了解以下内容：

① 盘点人手、存货实物、计量工具是否已准备妥当；

② 审计日至盘点日期间的存货出入库记录是否已做统计汇总；

③ 盘点日盘点清单是否已编制；

④ 各仓库收料、发料的最后一张单证是否已截止收集并复印；

⑤ 存货是否已相对停止流动；

⑥ 是否有废品、毁损物品，如有，是否已分开堆放并标示清楚；

⑦ 货到单未到的存货是否已暂估入账；

⑧ 发票未开，客户已提取的存货是否已单独记录；

⑨ 发票已开，客户未提取的存货是否已单独记录(或单独堆放)；

⑩ 存货是否已按存货的型号、规格排放整齐；

⑪ 外单位寄存、代外单位保管、外单位代销的货物等其他非本公司的货物是否已分开堆放；

⑫ 是否有存货的记录位置或存放图。

若通过问卷调查认为被审计单位的盘点准备工作达不到规划要求，审计人员可以拒绝实地观察存货盘点，并要求其另定时间重新准备。

(3) 实地观察盘点。审计人员应到盘点现场观察和监盘盘点的全过程。审计人员主要观察和监督以下内容：

① 盘点现场的存货是否摆放有序并停止流动；
② 盘点程序是否符合盘点计划和指令的基本要求；
③ 对存货点数、计量所采用的方法是否适当，有无重计或漏计的错误；
④ 盘点标签及盘点汇总表是否按要求完整填制；
⑤ 存货中有无混进废品与毁损物品等。

在监盘过程中，如果发现问题，审计人员应及时指出，并要求被审计单位纠正。如果认为盘点程序不当或记录有差错，导致盘点结果严重失实，应要求盘点人员重新进行盘点，以保证登记汇总存货数量的正确性。

(4) 复盘抽点。抽点是指被审计单位盘点人员盘点后，审计人员应根据观察的情况，在盘点标签尚未取下之前，选择部分存货项目进行复盘抽点。抽点的范围取决于具体存货项目的性质、控制状况及特定的环境条件。通常，审计人员应将存货分层，将价值高的存货全部盘点，对其他项目则选取样本进行抽点。审计人员应将抽点结果与盘点标签及盘点汇总表上的记录进行比较。抽点在产品时，还应关注其完工程度是否适当。如果抽点发现差异，除要求被审计单位更正外，还应扩大抽点范围。如发现差错过大，则应要求被审计单位重新盘点。审计人员进行抽点时，应在工作底稿上记录其抽点结果。

抽点结束后，应将全部盘点记录进行归总，并据以登记盘点表。所有的盘点记录、盘点汇总表均应由参与盘点人员和监审审计人员签名，并复印两份，被审计单位与会计师事务所各留一份。同时，审计人员还应向被审计单位索取存货盘点前的最后一张验收入库凭证和发货凭证，以便审计时作截止测试之用。

若审计人员在结账日后才接受委托，无法观察年终存货盘点时，只要有条件，应采用一些替代审计程序，如利用被审计单位的存货盘点资料，抽查盘点部分存货，审查自结账日以来的存货收发记录，倒推出结账日或顺推出盘点日的存货数量。如果仍无法实施替代审计程序，则表示存货项目的账实相符的审计证据不足，应在审计报告中予以说明。

【实训要求】

(1) 检查和美制药的存货盘点计划问卷，指出被审计单位的存货盘点计划存在的问题，可能产生财务报表的重大错报风险。

(2) 检查关小鱼执行的存货监盘和抽盘过程，指出存在的问题并提出改进建议。

(3) 以中药原料仓的监盘为例，根据提供的资料和案例场景，按模板编写监盘报告。

存货监盘报告
（底稿模板）

【实训指导】

(1) 存货盘点计划存在的问题及错报风险具体如下。
① 盘点范围仅包括原材料和库存商品，未包含消耗性生物资产。
② 采购经理和仓储经理负责对原料仓进行盘点，不具有相应的独立性。
③ 未准备标记已盘点物资，可能造成漏盘或重复盘点。
④ 对存放在外单位的存货未计划盘点，仅通过电话确认。
⑤ 盘点期间未停止存货的出入流动，也未制定有效的控制措施。
⑥ 盘点作业表未预先编号。

(2) 存货监盘中存在的问题及改进建议具体如下。
① 原材料未贴标签，存在控制缺陷，建议监盘时对物料品种进行检查。

② 盘点期间未停止存货的流动，也未见盘点期间对出入库的有效控制。如果确实无法停止收发物料，应设置中转区，保证盘点时存货至少处于相对静止状态。

③ 对已盘点物资未做盘点标识，可能造成漏盘或重复盘点，建议对盘点完的物料进行盘点标记。

④ 散装物料仅进行粗略估算，无法保证盘点数量的准确性，建议考虑散装存货的占比。如果预计误差达到存货认定层次的重要性水平，应通过过磅称重进行准确盘点。

⑤ 盘点时未记录存货存在的明显霉变状况，存在减值风险，建议监盘时不仅观察存货盘点的数量，同时观察存货状况。当存在减值迹象时，应予以评估和记录。

⑥ 对盘点差异未进行复盘与查明原因，直接进行账务处理，建议对存在差异的物料进行复盘；仍然存在差异的，应查明差异原因。

⑦ 对存货中的人参无法进行监盘与抽盘，且金额占比重大，应考虑出具非无保留意见类型的审计报告，或终止审计委托。

⑧ 海马抽盘的样本过小，仅占总量的 0.1%，建议考虑利用外部专家的工作，对海马进行全面监盘与较大比例的抽盘工作。如果全面盘点确实不可行，应视误差与重要性水平考虑出具非无保留意见类型的审计报告，或终止审计委托。

⑨ 抽盘仅从存货实物中选取项目追查至存货盘点记录，未从存货盘点记录中选取项目追查至存货实物，无法测试盘点记录的准确性，建议同时应从存货盘点记录中选取项目追查至存货实物。

存货监盘报告
(底稿参考)

(3) 监盘报告。以中药原料仓的监盘为例，存货监盘报告的参考工作底稿见二维码。

> 拓展练习

有时会发生期末结存余额较大的品种在存货实地盘点前已经发出，致使该部分存货在盘点日无法进行实物盘点。在这种情况下，审计人员该如何处理？

10.4 原材料计价测试

【案例场景】

关小鱼对存货实施了监盘程序以后，只是对存货的数量进行了测试。为了验证财务报表上存货余额的真实性，还应当对存货的计价进行审计。关小鱼先对原材料的计价进行测试，从和美制药的信息系统中导出了"原材料数量金额明细账"，经过调查了解到，和美制药的存货计价方式均采用月末一次加权平均法。

原材料数量金额
明细账(2021 年)

【知识准备】

针对原材料的单位成本，审计师通常基于企业的原材料计价方法，结合原材料的历史购买成本，测试其账面成本是否准确。测试程序包括核对原材料采购的相关凭证及验证原材料计价方法的运用是否正确。

【实训要求】

(1) 根据和美制药采用的存货计价方式，编写 Python 代码测算原材料发出成本，并与和美制药入账的贷方发生额进行对比，计算差异额。

(2) 根据计算的差异额，按照模板填制审计工作底稿，判断差异的重要性。

存货计价测试(底稿模板)

【实训指导】

(1) 原材料计价测算。

登录金蝶大数据处理平台，在大数据处理选项下选择"Python 数据处理"选项，单击"上传文件"按钮，将提供的"原材料数量金额明细账(2021 年)"上传，上传成功后可以在数据表下拉框选择数据表，在代码区编写 Python 代码，单击"运行"按钮，如图 10-13 所示。

图 10-13　原材料计价测算

待运行完成后，单击右侧的"输出控制台"按钮，可以看到运行结果，计算结转的差异总和为 15 383 685.63 元，如图 10-14 所示。

原材料计价测试
Python 代码

图 10-14　测算差异

单击"数据结果"按钮可以查看计算过程，然后单击"下载"按钮，根据提供的底稿模板整理成审计工作底稿，如图 10-15 所示。

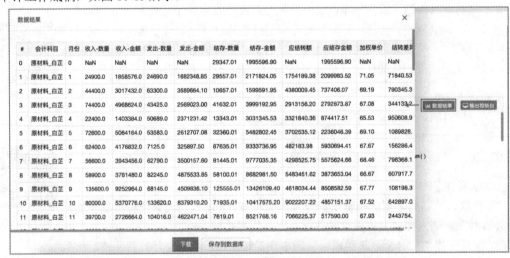

图 10-15　差异测算过程

(2) 审计底稿及重要性判断。

采用月末一次加权平均法测算的原材料发出成本与和美制药入账的原材料发出成本差异为 1 538 万元，差异额大于重要性水平。审计工作底稿参考见二维码。

↗ 拓展练习

(1) 根据和美制药采用的存货计价方式，采用 Excel 测算原材料发出成本，与和美制药入账的贷方发生额进行对比，计算差异额，并与 Python 上述代码计算的结果进行比较。

(2) 如果和美制药采用移动加权平均法计算成本，测算原材料发出成本与和美制药入账的原材料发出成本差异，并说明差异是否重要。

存货计价测试(底稿参考)

10.5 产成品计价测试

【案例场景】

根据分析，库存商品在和美制药的存货中占比达到 62%，因此，关小鱼将产成品的计价测试也作为本次审计的重点工作。经了解，和美制药按实际发生的材料、人工、制造费用核算产品成本，人工成本采用计时工资制，期末无在产品。

【知识准备】

针对产成品和在产品的单位成本，审计师需要对成本核算过程实施测试，包括直接材料成本测试、直接人工成本测试、制造费用测试和生产成本在当期完工产品与在产品之间分配的测试四项内容，具体如下。

(1) 直接材料成本测试。对未采用定额单耗的企业，可获取材料费用分配汇总表、材料发出汇总表(或领料单)、材料明细账(或采购业务测试工作底稿)中各该直接材料的单位成本，做如下检查：成本计算单中直接材料成本与材料费用分配汇总表中该产品负担的直接材料费用是否相符，分配标准是否合理；将抽取的材料发出汇总表或领料单中若干种直接材料的发出总量和各该种材料的实际单位成本之积，与材料费用分配汇总表中各该种材料费用进行比较。

(2) 直接人工成本测试。对采用计时工资制的企业，获取样本的实际工时统计记录、员工分类表和员工工薪手册(工资率)及人工费用分配汇总表，做如下检查：成本计算单中直接人工成本与人工费用分配汇总表中该样本的直接人工费用核对是否相符；样本的实际工时统计记录与人工费用分配汇总表中该样本的实际工时核对是否相符；抽取生产部门若干天的工时台账与实际工时统计记录核对是否相符；当没有实际工时统计记录时，则可根据员工分类表及员工工薪手册中的工资率，计算复核人工费用分配汇总表中该样本的直接人工费用是否合理。

(3) 制造费用测试。获取样本的制造费用分配汇总表、按项目分列的制造费用明细账、与制造费用分配标准有关的统计报告及其相关原始记录，做如下检查：制造费用分配汇总表中，样本分担的制造费用与成本计算单中的制造费用核对是否相符；制造费用分配汇总表中的合计数与样本所属成本报告期的制造费用明细账总计数核对是否相符；制造费用分配汇总表选择的分配标准(机器工时数、直接人工工资、直接人工工时数、产量等)与相关的统计报告或原始记录核对是否相符，并对费用分配标准的合理性做出评估；如果企业采用预计费用分配率分配制造费用，则应针对制造费用分配过多或过少的差额，检查其是否做了适当的账务处理；如果企业采用标准成本法，则应检查样本中标准制造费用的确定是否合理，计入成本计算单的数额是否正确，制造费用差异的计算与账务处理是否正确,并注意标准制造费用在当年度内有无重大变更。

(4) 生产成本在当期完工产品与在产品之间分配的测试。检查成本计算单中在产品数量与生产统计报告或在产品盘存表中的数量是否一致;检查在产品约当产量计算或其他分配标准是否合理;计算复核样本的总成本和单位成本。

【数据表结构】

本项目分析涉及 MySQL 数据库中的"材料费用分配汇总表""领料单明细表""原材料加权单价""费用分配明细表""员工工资汇总表",数据表结构如图 10-16 所示。

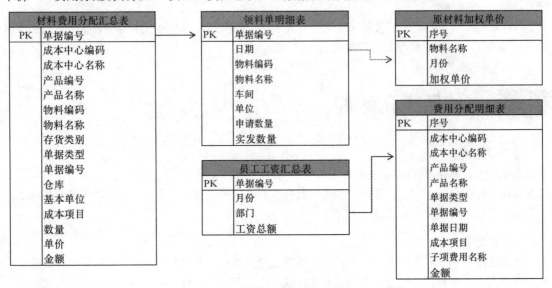

图 10-16　数据表结构

【实训要求】

(1) 核对"材料费用分配汇总表"和"领料单明细表",找出领料单中未进行成本分配的单据。

(2) 根据本书第 10.4 节测试的原材料加权单价(即数据库中的"原材料加权单价")和领料单发出数量计算材料出库成本,分析材料费用分配金额和计算的出库成本差额。

(3) 核对"费用分配明细表"与"员工工资汇总表",指出是否存在问题。

【实训指导】

(1) 领料单中未进行成本分配的单据。

登录金蝶云星空后进入"轻分析"模块,新建业务主题,通过 SQL 新建数据表"未做成本分配的领料单",SQL 代码如下:

```
select 单据编号,物料名称,实发数量
from 领料单明细表
where 单据编号 not in
(select 单据编号 from 材料费用分配汇总表)
```

运行完成后保存,可以在"数据分析"或"数据斗方"模块中以列表形式呈现数据,如图 10-17 所示。

单据编号	物料名称	实发数量
CKD202103270013	红花	8,955.00
CKD202104210017	黄芪	3,900.00
CKD202104280015	红参	30,855.00
CKD202105080002	川芎	9,690.00
CKD202110240011	白芷	25,485.00
CKD202110310018	白芷	22,725.00
CKD202112040001	红花	28,670.00
CKD202112100011	川芎	32,388.00
CKD202112310007	川芎	14,223.00

图 10-17　未做成本分配的领料单

(2) 材料出库与分配金额差异。

在"数据建模"模块中通过 SQL 新建数据表"材料出库与分配金额差异",SQL 代码如下:

```
select x.月份,SUM(x.实发金额) as 实发金额,y.分配金额
from
(select a.物料名称,month(a.日期) as 月份,a.实发数量,b.加权单价,(a.实发数量 * b.加权单价) as 实发金额
from
领料单明细表  as a,
原材料加权单价 as b
where a.物料名称 = b.物料名称 and month(a.日期) = b.月份) as x,
(select month(单据日期) as 月份,sum(金额) as 分配金额 from 材料费用分配汇总表 group by 月份) as y
where y.月份 = x.月份
group by x.月份
```

运行完成后,新建计算字段"差额",编辑表达式为:

```
[实发金额]-[分配金额]
```

完成后保存,可以在"数据斗方"模块中选择图表类型为"业务指标",将"材料出库与分配金额差异"中的"差额"字段拖入主指标,可以得到材料出库与分配金额的差异达到 35 526 341.11 元。

(3) 直接人工费用分配核对。

回到"数据建模"模块,继续通过 SQL 新建数据表"直接人工费用分配核对表",SQL 代码如下:

```
select b.部门,b.工资总额,a.工资分配金额,(b.工资总额-a.工资分配金额) as 差额 from
(select 成本中心名称,sum(金额) as 工资分配金额 from 费用分配明细表 where 子项费用名称 = "员工薪酬" group by 成本中心名称) a,
(select 部门,sum(工资总额) as 工资总额 from 员工工资汇总表 group by 部门) b
where a.成本中心名称 = b.部门
```

运行完成后,可以在"数据分析"或"数据斗方"模块中,以"列表"形式查看"直接人工费用分配核对表",如图 10-18 所示。由此可见,全部员工薪酬均被分配到产品成本中,总的分配金额无重大差异。

部门	工资总额	工资分配金额	差额
财务部	1,701,339.60	1,701,339.64	−0.04
采购部	878,765.70	878,765.62	0.08
仓储部	1,114,601.40	1,114,601.49	−0.09
固体车间	844,182.90	844,182.98	−0.08
人力资源部	1,163,765.60	1,163,765.62	−0.02
生产部	1,212,139.50	1,212,139.55	−0.05
市场营销部	6,514,051.50	6,514,051.53	−0.03
提取车间	4,515,777.00	4,515,777.02	−0.02
外用车间	7,251,379.20	7,251,379.20	0.00
研发中心	1,128,786.40	1,128,786.35	0.05
养殖场	2,493,418.95	2,493,418.95	0.00
种植园	5,756,400.00	5,756,400.00	0.00
总经办	1,680,940.00	1,680,939.96	0.04

图 10-18 直接人工费用分配核对

操作视频

> **拓展练习**

关小鱼针对产成品计价测试发现的问题与和美制药进行了沟通，和美制药负责人对上述差异做如下解释：

(1) 未分配入成本的领料单是新建设的提取车间领用，用于试生产产品"活血镇痛胶囊""海马舒活膏""复方地龙片"的半成品，因此将领用材料计入了在建工程科目。最后试产顺利，所产半成品已经被固体车间领用并全部生产成产品入库；

(2) 会计人员对财务核算软件设置不正确，造成原材料加权单价计算错误；

(3) 管理人员、研发人员和销售人员的成本计入产品成本，是为了核算产品的完全成本，更好地对产品进行定价。

以上解释可以接受吗？假设最终和美制药负责人同意审计人员的建议，全盘接受账务调整，请根据上述分析编制审计调整分录。

第 11 章 货币资金审计

↗ 学习目标

1. 理解货币资金审计控制测试和主要实质性程序的原理
2. 掌握货币资金审计控制测试和主要实质性程序的方法

↗ 学习导图

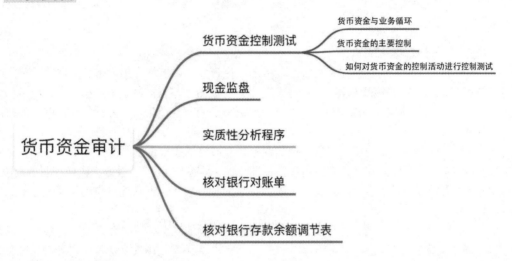

11.1 货币资金控制测试

【案例场景】

广东和美制药财务收付款采用金蝶云星空系统,并已开通银企直联,即通过金蝶云星空系统实现银行款项的支付。和美制药通过对用户账号权限的设置来控制岗位分工和审批。以银行付款业务为例,由会计金不换根据付款申请生成付款单,经财务总监赵华美审核后,出纳王小丽提交网银付款。款项支付的相关系统权限如表 11-1 所示。

表 11-1 款项支付系统权限

职位	账户名	子系统	权限
财务总监	赵华美	出纳系统	审核付款
会计岗	金不换	出纳系统	新增付款单
出纳岗	王小丽	出纳系统	提交银行

郑小花拟对付款的权限控制进行测试，如果抽查付款单据，由于数据量过于庞大，能够检查的样本将非常有限。因此，郑小花决定从系统的操作日志入手，检查系统账户是否严格按照其职责权限操作。

【知识准备】

1. 货币资金与业务循环

货币资金是企业资产中流动性最强的一种资产，任何企业进行生产经营活动都必须拥有一定数额的货币资金。货币资金主要来源于股东投入、债权人借款和企业经营累积，主要用于资产的取得和费用的结付。根据货币资金存放地点及用途的不同，货币资金分为库存现金、银行存款及其他货币资金。

企业资金营运过程，从资金流入企业形成货币资金开始，到通过销售收回货币资金、成本补偿确定利润、部分资金流出企业为止。企业资金的不断循环，构成企业的资金周转。货币资金与各业务循环均直接相关。

2. 货币资金的主要控制

(1) 岗位分工。企业应当建立货币资金业务的岗位责任制，例如，出纳员担负现金收付、银行结算、货币资金的日记账核算及各种有价证券的保管等职责，不得同时负责稽核、会计档案保管和收入、支出、费用、债权债务账目的登记工作。在财务信息化环境下，企业往往通过账号的权限设置实现职责分工。

(2) 授权审批控制。企业应当对货币资金业务建立严格的授权审批制度，审批人应当根据货币资金授权批准制度的规定，在授权范围内进行审批，不得超越审批权限。经办人应当在职责范围内，按照审批人的批准意见办理货币资金业务。在财务信息化环境下，通常通过自动化流程分配经办和审批权限。

(3) 现金管理。企业应制定库存现金限额，对超过限额的现金应及时存入银行；根据《现金管理条例》确定现金的开支范围，不属于现金开支范围的业务不得使用现金支付；现金收支应及时入账，库存现金应定期和不定期盘点并与账目核对。

(4) 银行存款管理。银行账户的开立、变更和注销应经过恰当的授权审批；定期核对银行账户交易及余额，每月编制银行存款余额调节表。

(5) 票据和印章的管理。各种票据应专设登记簿进行记账，防止空白票据的遗失和被盗用；加强银行预留印鉴的管理，财务专用章应由专人保管，个人名章必须由本人或其授权人员保管，严禁一人保管支付款项所需的全部印章。

3. 如何对货币资金的控制活动进行控制测试

(1) 通过财务系统进行自动控制的岗位分工、授权审批活动，可以通过对系统账户授权的检查、账户操作日志的分析进行测试。

(2) 银行账户的开立、变更和注销控制，可以询问会计负责人被审计单位本年开户、变更、撤销的整体情况；同时取得审计期间账户开立、变更、撤销项目清单，检查清单的完整性，并检查是否已经过恰当的审批。

(3) 针对企业付款审批和复核的控制，审计人员可以询问相关审核人员在日常付款业务中执行的内部控制，以确定其是否与被审计单位政策要求保持一致；观察付款的申请、复核及审批流程，是否与政策要求保持一致；抽取样本核对经审批及复核的付款申请及单据，并检查是否经签字确认。

【数据表结构】

本项目分析涉及 MySQL 数据库中的"2021 年 7 月用户操作日志",数据表结构如图 11-1 所示。

图 11-1　数据表结构

【实训要求】

以 2021 年 7 月付款业务操作为例,对和美制药财务系统的操作日志文件进行分析,并找出非授权范围内的异常用户及用户的异常操作。

【实训指导】

(1) 异常用户。

登录金蝶云星空后进入"轻分析"模块,新建业务主题,在"数据建模"模块中通过 SQL 语句新建数据表"异常用户",SQL 代码如下:

```
select 操作用户, 操作时间, 操作名称
from `2021 年 7 月用户操作日志`
where 操作用户 != "赵华美" and 操作用户 != "金不换" and 操作用户 != "王小丽"
```

完成后保存,进入"数据分析"模块,选择图表类型为"列表",依次选择"异常用户"表中的"操作用户""操作名称""操作时间",将其拖入行,如图 11-2 所示,数据表即可展示出非授权用户"Administrator"和"王小丽."的异常操作。

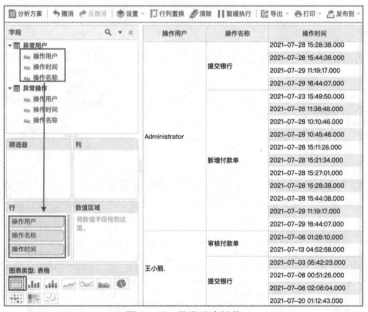

图 11-2　异常用户操作

(2) 异常操作。

重新进入"数据建模"模块，通过 SQL 新建数据表"异常操作"，SQL 代码如下：

select 操作用户,操作时间,操作名称 from `2021 年 7 月用户操作日志`
where (操作用户 = "赵华美" and 操作名称 != "审核付款单") or (操作用户 = "金不换" and 操作名称 != "新增付款单") or (操作用户 = "王小丽" and 操作名称 != "提交银行")

运行完成后保存，进入"数据分析"模块，选择图表类型为"列表"，依次选择"异常操作"表中的"操作用户""操作名称""操作时间"，将其拖入行，如图 11-3 所示，数据表即可展示出账户的非授权操作。

图 11-3　异常操作

↗ 拓展练习

针对和美制药资金支付中的授权控制失效的问题，审计师可以采取哪些措施予以应对？

11.2　现金监盘

【案例场景】

根据和美制药年报审计组长的安排，郑小花负责现金监盘工作。通过与财务总监赵华美的沟通，了解到由于业务需要，华美制药在集团总部和普仁药业项目部两处分别设置了现金出纳岗位，各自保管其项目使用现金并负责现金收支业务。郑小花认真学习了现金盘点的流程，完成了集团总部和普仁药业项目部的现金监盘工作。

现金监盘过程

【知识准备】

企业盘点库存现金，通常包括对已收到但未存入银行的现金、零用金、找换金等的盘点。盘点库存现金的时间和人员应视被审计单位的具体情况而定，但现金出纳员和被审计单位会计主管人员必须参加，并由审计人员进行监盘。盘点库存现金的步骤和方法具体如下。

(1) 制订库存现金盘点计划，实施突击性检查，时间最好选择在上午上班前或下午下班时，盘点的范围一般包括财会部门出纳员经管的现金和企业其他各部门经管的现金。

(2) 由出纳员根据现金日记账结出盘点日的现金结余额。

(3) 由出纳盘点保险柜内的现金实存数，财务主管人员参加，审计人员在旁监盘。

(4) 将盘点金额与盘点日的现金结余额进行核对，如有差异，应查明原因，并做出记录或适当调整。

(5) 若未能在资产负债表日进行盘点，则需采用调节法倒推计算，调整至资产负债表日的金额。

(6) 若有充抵库存现金的借条、代保管的工资、未提现支票、未作报销的原始凭证，应做注明或进行必要调整。

【数据表结构】

本项目分析涉及 MySQL 数据库中的"库存现金明细账"，数据表结构如图 11-4 所示。

库存现金明细账
PK 序号
日期
凭证字
凭证号
摘要
借方金额
贷方金额
方向
余额

图 11-4　数据表结构

【实训要求】

(1) 结合案例场景和对审计过程的分析，说明审计师的工作是否已经做到勤勉尽责，并提出改进建议。

(2) 假设针对库存现金科目的其他必要审计程序已正常实施且未发现异常，根据模板编制库存现金监盘工作底稿及审定表底稿。

库存现金监盘表(底稿模板)

库存现金审定表(底稿模板)

【实训指导】

(1) 现金监盘问题及改进建议具体如下。

① 小花在执行现金监盘程序时，提前告知了被审计单位相关人员，极大削弱了审计程序的不可预见性，现金监盘程序应突击盘点。

② 小花在执行现金监盘程序时，针对存放在不同地点的库存现金分不同时段进行盘点，被审计单位存在互相挪用的机会。现金监盘程序对存放在不同地点的库存现金应同时盘点，如果不能同

时盘点的，应予以封存。

③ 针对发现的未入账报销单与借款单，应与被审计单位沟通审批情况，经审批后建议被审计单位做相应账务调整。

④ 监盘时间最好定于上班前或下班后，以避免受当日现金收付的影响。

在上述案例中，由于被审计单位存在未经审批的资金支付，货币资金的内部控制存在缺陷，应考虑加强实质性审计程序。

(2) 审计工作底稿。审计工作底稿参考内容见二维码。

库存现金监盘表(底稿参考)

库存现金审定表(底稿参考)

拓展练习

现金监盘程序可以对应货币资金中的库存现金审计的哪项或哪几项审计目标？

11.3 实质性分析程序

【案例场景】

根据在风险评估环节识别的风险，和美制药的货币资金存在性认定存在较大风险。和美制药的银行存款余额均按当期活期利率按日计息，因此郑小花拟对银行存款与利息收入之间的关系进行测算。

【知识准备】

分析程序是指审计师通过分析不同财务数据之间及财务数据与非财务数据之间的内在关系，对账上信息做出评价。分析程序还包括在必要时对识别出的、与其他相关信息不一致或与预期值差异重大的波动和关系进行调查。

用作实质性程序的分析程序称为实质性分析程序。相对于细节测试而言，实质性分析程序能够达到的精确度可能受到种种限制，所提供的证据在很大程度上是间接证据，证明力相对较弱。数据的可靠性越高，预期的准确性就越高，分析程序将更有效。实施实质性分析程序的步骤为：

(1) 识别需要运用分析程序的账户余额或交易；

(2) 确定期望值，确定可接受的差异额；

(3) 识别需要进一步调查的差异，调查异常数据关系。

思考题

如何通过相关账户的利息收入测算银行存款余额的期望值？

【数据表结构】

本项目分析涉及 MySQL 数据库中的"银行存款日记账(中行 666)"，数据表结构如图 11-5 所示。

图 11-5 数据表结构

【实训要求】

以和美制药的中行 666 账户为例,根据利息收入与银行存款平均余额之间的关系实施实质性分析程序,指出该账户的认定可能存在的问题。分析性程序的关键要点按以下方式确认。

(1) 期望值:根据利息测算和美制药 2021 年银行平均余额。

(2) 期望值差异:将测算的平均余额与实际的平均每日余额进行对比。

(3) 可接受的差异:在风险评估阶段确定货币资金账户的重要性水平。

思考题

(1) 如何利用 SQL 计算银行存款的日平均余额?(注意日记账中每日有多笔记录,计算时只能取当日最后一笔记录的余额)

(2) 如何利用 SQL 根据利息收入计算银行存款的日平均余额?

参考 SQL 代码

【实训指导】

根据任务要求,银行存款的实质性分析程序的实施步骤如下。

(1) 确定运用分析程序的对象为银行存款账户余额。

(2) 测算银行存款余额的期望值。

在中国银行官网查询审计期间活期存款年利率为 0.3%,如图 11-6 所示。

图 11-6 利率查询

登录进入金蝶云星空"轻分析"模块,新建业务主题,在"数据建模"模块中通过 SQL 新建数据表"期望平均余额测算",SQL 代码如下:

```sql
SELECT SUM(借方金额)/0.003 AS 期望平均余额
FROM
`银行存款日记账(中行 666)`
WHERE 摘要 = "利息收入"
```

运行完成后,可以得到根据利息计算的该账户日均余额为 44 977 333.33 元,如图 11-7所示。

图 11-7 银行存款期望平均余额测算

(3) 测算银行存款余额的实际值。

继续在"数据建模"模块中通过 SQL 新建数据表"实际平均余额计算",该数据结果需根据2021 年每日的余额相加后除以记账天数,SQL 代码如下:

```sql
SELECT SUM(余额)/COUNT(序号) AS 实际平均余额
FROM
(SELECT 序号,业务日期,余额 FROM
(SELECT 序号,业务日期,余额 FROM `银行存款日记账(中行 666)`
WHERE 业务日期 <= "2021-12-31"
ORDER BY 业务日期,序号 DESC) AS a
GROUP BY a.业务日期) AS b
```

运行完成后,可以得到计算的该账户实际日均余额为 694 442 393.98 元,如图 11-8所示。

操作视频

图 11-8 银行存款实际平均余额计算

(4) 期望值与实际值的差异分析。

根据上述 SQL 统计结果,实际的银行存款平均余额与根据利息测算的期望平均余额的差异为:649 465 060.70(694 442 393.98-44 977 333.33)元。

该账户单项差异已远大于该账户的重要性水平。

➤ 拓展练习

对和美制药账户建行 888 账户,根据利息收入与银行存款平均余额之间的关系实施实质性分析程序,计算该账户期望平均余额与实际平均余额之间的差异,并判读该差异是否可以接受。

11.4 核对银行对账单

【案例场景】

经过对银行存款实施分析程序,审计团队一致认为和美制药的银行存款认定层次存在重大风险。审计负责人何小蝶指派郑小花核对银行存款的日记账与银行对账单。由于银行存款评估的错报风险较大,何小蝶要求郑小花对银行存款日记账和打印的银行对账单进行逐笔核对,既要从银行日记账查询到银行对账单,也要从银行对账单查询到银行日记账。

郑小花与和美制药管理层及财务部员工沟通,获取了"关于银行账户清单完整性的管理层承诺函"及银行对账单。另外,为避免被审计单位舞弊,郑小花在出纳王小丽的陪同下亲自去银行打印了和美制药的"已开立结算账户清单"。

郑小花从系统查看被审计单位的银行日记账,发现 2021 年共有 5 个账户、数十万条记录。郑小花不禁开始发愁:如此大量的数据要核对到什么时候?又如何能保证核对时没有看错或者看漏的?

在审计经理的帮助下,郑小花决定利用技术工具进行处理。郑小花先将银行对账单在金蝶大数据平台的智能处理模块中识别整理为 Excel 文件,并导入审计数据库,然后通过轻分析平台利用 SQL 语句实现了银行对账单的自动核对,并对核对的整个过程进行了记录。

关于银行账户清单完整性的管理层
承诺函

已开立结算账户
清单

核对银行对账单
过程

【知识准备】

实施银行对账单与银行日记账的核对程序,具体如下。

(1) 获取被审计单位所有银行账户的清单,如果对银行账户的完整性存有疑虑,应考虑实施补充审计程序,例如在企业人员陪同下到人民银行或基本存款账户开户行查询并打印"已开立银行结算账户清单"。

(2) 根据清单获取被审计单位全年、全部账户的银行对账单,如果对被审计单位提供的银行对账单的真实性存有疑虑,可以采取的审计程序有:

① 注册会计师可以在被审计单位协助下亲自到银行获取银行对账单,在获取银行对账单时,注册会计师要全程关注银行对账单的打印过程;

② 核对网银中显示和下载的信息与提供给注册会计师的信息在内容、格式及金额上的一致性。

(3) 利用数据分析等技术,对比银行对账单上的收付款流水与被审计单位银行存款日记账的收付款信息是否一致,对银行对账单及被审计单位银行存款日记账记录进行双向核对。

(4) 银行存款日记账是企业财务人员记录的关于银行账户收付款的业务,银行对账单是银行方面记录企业账户收付款的事项明细。由于信息的不对称,银行存款日记账与银行对账单不完全一致。

🡢 思考题

银行存款日记账和银行对账单由于信息不对称，不存在唯一的关联字段。郑小花经过调查分析，了解到日记账中的借方金额与对账单的支出项应该一致、贷方金额与收入项一致，但有可能存在重复金额。根据日记账可以查出对应账户的核算维度，即与对账单中的"对方户名"字段一致。如果金额和对方户名均核对一致，基本可以保证核对的收支款是同一笔，如图11-9所示。

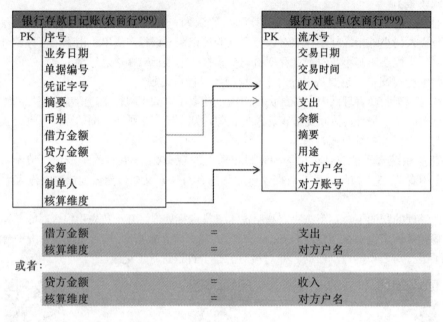

图 11-9　银行对账单核对思路

在此条件下，如何利用 SQL 查询两个表格中不相符项？

【数据表结构】

本项目分析涉及 MySQL 数据库中的"银行存款日记账(农商行 999)"及通过 OCR 识别导入的"银行对账单(农商行 999)"，数据表结构如图 11-10 所示。

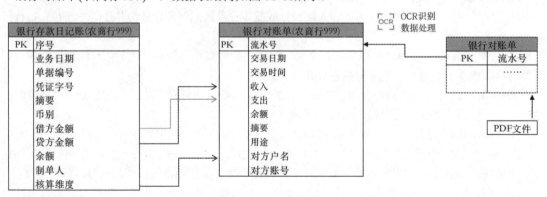

图 11-10　数据表结构

【实训要求】

(1) 以农商行 999 账户为例，核对银行流水与银行日记账，通过 SQL 语句找出银行日记账与银行对账单不相符的项。

(2) 小组进行内部讨论，针对核对结果，指出核对的不符项可能的原因，并制定下一步的审计程序。

(3) 指出郑小花在执行核对银行对账单的审计程序中存在的问题或风险。

【实训指导】

(1) 银行日记账与银行对账单核对的具体操作步骤如下。

① 银行日记账与银行对账单核对不符项。登录金蝶云星空进入"轻分析"模块，新建业务主题，在"数据建模"模块中通过 SQL 新建数据表"银行日记账与银行对账单核对不符项"，SQL 代码如下：

```
select 序号,业务日期,凭证字号,摘要,借方金额,贷方金额
from `银行存款日记账(农商行 999)`
where 序号 not in
(select a.序号
from
`银行存款日记账(农商行 999)` as a,
`银行对账单(农商行 999)` as b
where
(a.借方金额 = b.支出 or a.贷方金额 = b.收入) and a.核算维度 = b.对方户名 )
```

运行完成后，可以查看根据银行日记账与银行对账单核对不符项共 1 项(年初余额不计入)，金额为借方 80 000 000.00 元，如图 11-11 所示。

序号	业务日期	凭证字号	摘要	借方金额	贷方金额
1	2021-01-01		年初余额	0.00	0.00
378	2021-12-15	记-3311	收货款	80,000,000.00	0.00

总共2行数据

图 11-11 银行日记账与银行对账单核对不符项

② 银行对账单与银行日记账核对不符项。继续在"数据建模"模块中通过 SQL 新建数据表"银行对账单与银行日记账核对不符项"，SQL 代码如下：

```
select 交易日期,收入,支出,摘要,对方户名
from `银行对账单(农商行 999)`
where 流水号 not in
(select b.流水号
from
`银行存款日记账(农商行 999)` as a,
`银行对账单(农商行 999)` as b
where
(a.借方金额 = b.支出 or a.贷方金额 = b.收入) and a.核算维度 = b.对方户名 )
```

运行完成后，查看银行对账单与银行日记账核对不符数据共 18 项，如图 11-12 所示，需要进行进一步调查。

交易日期	收入	支出	摘要	对方户名
2021-09-30	0.00	30,000,000.00	转账	立德公司
2021-07-30	0.00	00,000,000.00	转账	立德公司
2021-04-30	0.00	80,000,000.00	转账	立德公司
2021-05-30	0.00	90,000,000.00	转账	立德公司
2021-02-27	0.00		转账	立德公司
2021-09-01	30,000,000.00	0.00	转账	立德公司

总共18行数据，仅显示前10行数据

图 11-12　银行对账单与银行日记账核对不符项

(2) 审计分析与结论具体如下。

① 2021 年 12 月 15 日，记账凭证 3311 号显示银行存款日记账借记货款收入 80 000 000 元。而银行对账单直到 2022 年 1 月 6 日未发现对应记录，属于未达账项的可能性较小，款项可能并未收取，被审计单位可能存在虚假记录或错误记录。下一步可以实施以下审计程序：查询该笔凭证是否存在错误或舞弊；询问和美制药财务人员不相符的原因；向银行函证该账户的交易明细。

② 银行对账单中的 18 笔收支项在银行日记账中无对应项，均为转账业务，对方户名均为"立德公司"。这些转账时间均为月初转出至立德公司，月末转回公司账户。这种行为可能存在违规挪用资金的舞弊行为。下一步可以实施以下审计程序：查询上述凭证，检查业务内容；询问和美制药财务人员原因；查询立德公司的工商注册信息，是否与被审计单位管理人员存在关联关系。

(3) 审计中存在的问题具体如下。

① 管理层承诺的银行账户数与在银行查询的被审计单位开立的结算账户信息不符，管理层的诚信可能存在问题。

② 被审计单位提交的银行对账单是 PDF 文档，鉴于其内控缺陷，郑小花未能对取得银行对账单的过程予以控制，无法保证获取的银行对账单的真实性。

③ 郑小花在核对银行对账单时，需要取得本公司全年所有账户的全部对账单，余额为 0 的账户也需要核对。

④ 郑小花在核对银行对账单时，余额一致的银行账户未核对明细，明细项目中存在的错误或舞弊可能未被发现。

银行余额对账单
(中行 666)

➚ **拓展练习**

检查和美制药提供的中行 666 账户的银行存款余额对账单，说明其存在的问题。

11.5　核对银行存款余额调节表

【案例场景】

和美制药财务部的金不换向郑小花提供了两份银行存款余额调节表，郑小花表示疑问："你们不是有 6 个银行账户吗？为什么只提供了两份余额调节表？"

"我们只有这两个银行账户有未达账项，其他都对上了，就没必要再编调节表。"金不换顿了顿，答道："你不放心的话，我们一并给你提供银行余额对账单的复印件。"

郑小花核对了其他 4 个银行账户的银行日记账余额与银行对账单余额，的确能够完全对上。于是，将复印的银行余额对账单作为底稿，确认了 4 个银行账户余额。对余额未对上的两个银行账户的银行存款余额调节表进行检查,并追踪检查未达账项的会计凭证。

银行存款余额调节表(农商行999)　　　会计凭证2021年12月记-3311

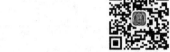

会计凭证2021年12月记-3498　　会计凭证2022年1月记-31　　银行余额对账单(农商行999)

【知识准备】

(1) 取得银行对账单和银行存款余额调节表后,应检查以下内容。
① 复核对账单上的户名是否为公司的名称。
② 将调节表中所列账面余额与明细账余额核对。
③ 将调节表中所列银行对账单余额与取得的银行对账单金额核对。
④ 检查调节表各数据加计的准确性。
⑤ 检查银行存款余额调节表中未达账项是否已注明款项性质、分类、日期、金额、凭证号等。

(2) 检查"银行存款余额调节表"中未达账项的真实性,以及资产负债表日后的进账情况,具体内容如下。

① 企业已付、银行未付款项。测试其是否已经记入当期银行存款日记账,并在期后银行对账单上得以反映。审查对账单上所记载的内容(如支票编号、金额等)是否与支票存根一致;如果在段合理时间内银行仍未付款,查找原因,考虑支票、汇票等支付凭据是否会作废,据以提出调整意见。

② 企业已收、银行未收款项。审查其原始凭证,并检查其是否已过入本期银行存款日记账,并与期后银行对账单核对一致;如较长时间内银行尚未收到,查找原因,考虑该支票、汇票等收款凭据是否有效,并确定是否需要进行调整。

③ 企业未付、银行已付款项。审查期后的银行存款日记账,以确认是否已经入账;审核其相应的原始凭证和会计处理,核对付款单位及金额,确定是否需要进行调整。如期后仍未入账,则要求企业向银行索取付款回单,检查其款项性质,视其金额大小做相应调整。

④ 企业未收、银行已收款项。审查期后的银行存款日记账,以确认是否已经入账,并审核其相应的原始凭证和会计处理,核对收款单位及金额,并确定是否需要进行调整。如期后仍未入账,则要求企业向银行索取收款回单,检查其款项性质,视其金额大小做相应调整。

【数据表结构】

本项目分析涉及MySQL数据库中的"银行对账单(农商行999)""银行存款日记账(农商行999)",数据表结构如图11-13所示。

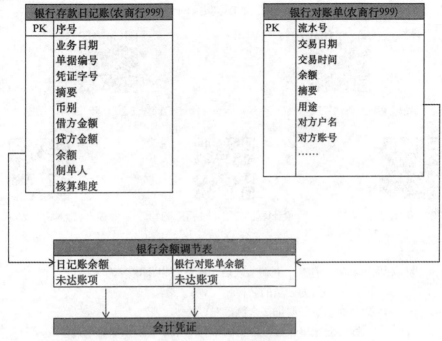

图 11-13 数据表结构

【实训要求】

(1) 以和美制药农商行 999 账户为例,检查银行存款余额调节表,并追踪未达账项,根据提供的底稿模板编制审计底稿。

对银行存款余额调节表的检查(底稿模板)

银行存款未达账项审查表(底稿模板)

(2) 说明建议进行审计调整的事项,若根据审计建议进行调整,计算调整后的农商行 999 账户截至审计期末的余额。

【实训指导】

(1) 审计工作底稿。

审计工作底稿的参考内容见二维码。

对银行存款余额调节表的检查(底稿参考)

银行存款未达账项审查表(底稿参考)

(2) 建议进行审计调整的事项,具体内容如下。

① 支付货款 20 000 000 元。

② 收货款 80 000 000 元。

③ 收货款 21 657 437.83 元。

调整后，农商行 999 账户截止审计期末的余额为：2 873 108.22 元。

↗ 拓展练习

根据提供的练习资料，结合数据库中的银行日记账，检查和美制药工行 000 账户银行存款余额调节表，并指出存在的问题。

银行存款余额调节表(工行 000)

银行余额对账单(工行 000)

第 12 章 完成财务报表审计

学习目标
1. 掌握财务报表试算平衡表的编制
2. 理解审计报告的含义、作用及构成要素
3. 掌握形成审计意见类型的条件

学习导图

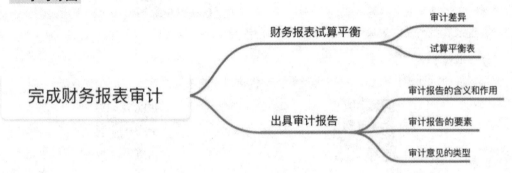

12.1 财务报表试算平衡

【案例场景】

何小蝶带领的审计团队终于全面完成了和美制药的财务报表审计项目的审计程序和相关的审计工作底稿。何小蝶汇总了审计差异,并与和美制药进行了沟通,取得了和美制药关于审计调整事项的书面同意书,被审计单位未同意调整的事项则汇总至未更正错报汇总表。

　　账项调整分录汇总表　　　　重分类分录汇总表　　　　未更正错报汇总表

【知识准备】

1. 审计差异

审计差异内容按是否需要调整账户记录可分为核算错误和重分类错误。核算错误是因企业对经济业务进行了不正确的会计核算而引起的错误,用审计重要性原则来衡量每一项核算错误,以确定是否建议被审计单位进行调整。衡量时需要考虑错误的金额和性质两个方面:

① 对于单笔核算错误超过所涉及财务报表项目(或账项)层次重要性水平的,应建议调整;

② 对于单笔核算错误低于所涉及财务报表项目(或账项)层次重要性水平，但性质重要的，如涉及舞弊与违法行为、影响收益趋势或股本项目等的核算错误，建议调整；

③ 对于单笔核算错误低于所涉及财务报表项目(或账项)层次重要性水平，并且性质不重要的，一般应视为未调整不符事项，但应考虑小额错报累计金额是否超过重要性水平。

审计师确定了建议调整的不符事项和重分类错误后，应以书面方式及时征求被审计单位意见。若被审计单位不予采纳，应分析原因，并根据未调整不符事项的性质和重要程度，确定是否在审计报告中予以反映及如何反映。

重分类错误是因企业未按企业会计准则列报财务报表而引起的错误。例如，企业在应付账款项目中反映的预付账款。

在审计工作底稿中通常将建议调整的不符事项、未调整的不符事项和重分类错误分别汇总至"账项调整分录汇总表""未更正错报汇总表"和"重分类分录汇总表"。

2. 试算平衡表

试算平衡表是在未审财务报表的基础上，对经过沟通确认的核算错误和重分类错误进行调整编制的，经过试算平衡后的表单形成了财务报表的审定表。

【实训要求】

根据提供的审计工作底稿，编制资产负债表和利润表的试算平衡表，底稿模板见二维码。

资产负债试算平衡表(底稿模板)

利润试算平衡表(底稿模板)

【实训指导】

根据审计调整及未更正错报汇总表编制试算平衡表，底稿参考内容见二维码。

资产负债试算平衡表(底稿参考)

利润试算平衡表(底稿参考)

↗ 拓展练习

计算未更正错报对期末总资产、期末净资产及本期净利润的影响。假设通过沟通后，和美制药不同意更正错报，基于重要性水平判断是否需要在审计报告中反映未更正错报，以及如何反映。

12.2 出具审计报告

【案例场景】

每年年初都是会计师事务所最为忙碌的时候，广东金利信会计师事务所服务的几家公司提交审计报告的截止日将至，何小蝶的审计团队忙碌于完成阶段的审计工作，包括撰写审计总结、形成审计意见、与被审计单位沟通及出具审计报告。

【知识准备】

1. 审计报告的含义和作用

审计报告是审计工作的最终结果,具有法定证明效力。本任务涉及的财务报表审计报告是注册会计师根据审计准则的要求,在实施审计工作的基础上,对被审计单位年度财务报表发表意见的书面文件。

注册会计师签发的审计报告,主要具有鉴证、保护和证明三方面的作用,具体内容如下:

(1) 鉴证作用。注册会计师签发的审计报告,是以独立的第三者身份,对审计客户财务报表的合法性、公允性发表意见,得到了政府及其各部门和社会各界的普遍认可。

(2) 保护作用。注册会计师通过审计,可以对审计客户出具不同类型审计意见的审计报告,以提高或降低财务报表信息使用者对财务报表的信赖程度,能够在一定程度上对审计客户的债权和股东的权益及企业利害关系人的利益起到保护作用。

(3) 证明作用。审计报告是对注册会计师审计任务完成情况及结果所做的总结,可以表明审计工作的质量并明确注册会计师的审计责任。

2. 审计报告的要素

以中兴财光华会计师事务所给中国国家铁路集团有限公司出具的审计报告为例,审计报告中的各要素如下:

- ❑ 标题;
- ❑ 收件人;
- ❑ 审计意见;
- ❑ 形成审计意见的基础;
- ❑ 管理层对财务报表的责任;
- ❑ 注册会计师对财务报表审计的责任;
- ❑ 按照相关法律法规的要求报告的事项(如适用);
- ❑ 注册会计师的签名和盖章;
- ❑ 会计师事务所的名称、地址和盖章;
- ❑ 报告日期。

截取审计报告部分,如图12-1所示。

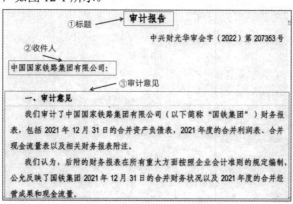

图 12-1 审计报告示例

3. 审计意见的类型

审计报告中的审计意见分为以下几种类型。

(1) 无保留意见。如果认为财务报表在所有重大方面按照适用的财务报告编制并实现公允反映，应当发表无保留意见。

(2) 保留意见。如果认为财务报表整体是公允的，但还存在下列情形之一时，应出具保留意见的审计报告：

- 在获取充分、适当的审计证据后，认为错报单独或汇总起来对财务报表影响重大，但不具有广泛性；
- 无法获取充分、适当的审计证据以作为形成审计意见的基础，但认为未发现的错报(如存在)对财务报表可能产生的影响重大，但不具有广泛性。

(3) 否定意见。如果认为错报单独或汇总起来对财务报表影响重大，且具有广泛性，应当出具否定意见的审计报告。

(4) 无法表示意见。如果审计范围受限制可能对审计产生的影响非常重大和广泛，不能获取充分、适当的审计证据，以至于无法对财务报表发表审计意见，应当出具无法表示意见的审计报告。

审计报告信息汇总表

【实训要求】

根据给出的不同信息，利用大数据审计实践平台出具审计报告。

【实训指导】

(1) 根据对审计信息的分析，四家公司分别应出具的审计报告意见类型具体如下。

① 动联科技：标准无保留意见。

② 程惠信息：保留意见。

③ 优达软件：否定意见。

④ 严展科技：无法表示意见。

(2) 出具审计报告的操作如下。

登录金蝶大数据处理平台，在"大数据挖掘"区域中的"应用场景"下拉列表中选择"审计报告"选项，在"报告模板"下拉列表中选择拟出具的审计报告类型，以标准无保留意见类型的审计报告为例。首先需要明确审计意见的类型，以选择正确的审计报告模板，如图 12-2 所示。

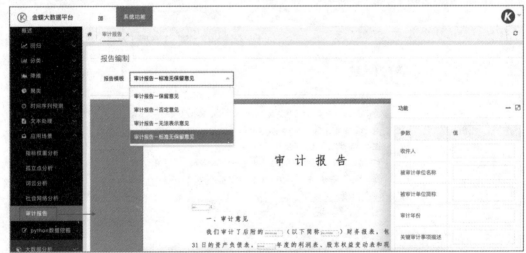

图 12-2　选择审计报告模板

在右侧"功能"面板中输入审计报告中的自定义信息，包括收件人、被审计单位名称、被审计单位简称、审计年份、关键审计事项描述、会计师事务所名称、报告市、报告日期等，输入后单击"保存设置"按钮，然后单击"导出报告"按钮，如图12-3所示。

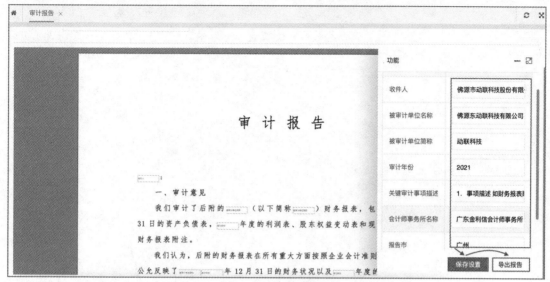

图12-3　编辑审计报告

用 Word 打开生成的审计报告，交由注册会计师签名及事务所盖章即可。

↗ 拓展练习

结合和美制药的未更正错误，以及对和美制药实施的审计程序和分析结论，应出具何种意见类型的审计报告，并说明理由。